서울대 합격생
기적의
어휘 공부법

서울대
합격생
기적의
어휘
공부법

김송은,
에듀플렉스 교육개발연구소
지음

다신
에듀

대한민국의 모든 학생과 학부모가 집중하고 있는 질문. 공부를 잘하려면 뭐가 필요할까? 머리에 쏙쏙 들어오는 명강사의 강의? 동기부여를 해 주는 훌륭한 멘토? 학습에 최적화된 공부방?

다 필요할 것이다. 공부라는 것이 굉장히 복잡한 두뇌 활동이기 때문이다. 한두 가지 묘수로 단박에 성적이 뛰어오르는 기적은 없다. 여러 가지 조건들이 필요하다. 그중에는 있으면 더 좋은 것도 있고, 없으면 안 되는 조건도 있다. 이 책은 공부를 잘하기 위하여 없으면 안 되는 필수불가결한 한 가지 조건에 대한 책이다.

어휘력이다.

간혹 단기간에 드라마틱한 성적 변화를 이루어 낸 기적의 학생들에 대한 풍문이 여기저기서 들려온다. 10년 넘도록 학생들이 공부하는 모습을 곁에서 지켜본 후 내린 결론은, 그 기적의 주인공들에게 한 가지 공통점이 있다는 사실이었다. 놀라운 속도로 상위권에 도달한 학생들은 대부분 현재 성적과 관계없이 한 가지 기초가 튼튼했다.

어휘력이다.

어휘력은 공부를 하기 위한 최소한의 도구이자 밑천이며 기본기다. '고지식하다'는 단어를 '지식이 아주 높다'는 뜻으로 알고 있는 학생도 있고, '대관절'은 '큰 다리 관절'쯤으로 알고 있는 학생들도 있으며, '을씨년스럽다'는 단어를 듣고 '욕

하지 말라'고 항변하는 학생도 있었다. 그럴 만도 하다. 예전에 비하여 요즘 학생들은 책을 많이 읽지 않는다. 한정된 어휘들로 빠르게 양산되는 인터넷 기사들이 그들이 접하는 유일한 문자 매체이며, 그것마저도 멀리한 채 비언어적 자극만을 선호하는 것이 요즘 학생들의 현실이다.

　기본 중의 기본에 해당하는 쉬운 단어의 뜻조차 전혀 모르는 학생들을 하도 많이 만나다 보니, 그 심각함에 더 이상 놀라지도 않게 되어 버렸다. 다만 그 통탄할 만한 어휘 실력으로, 어려운 교재들과 씨름하는 학생들의 모습이 안타까울 따름이다. 외국어처럼 이해하기 어려운 교과서를 정복하기 위해서 많은 학생들이 선택한 대안은 학원 하나를 더 추가하는 것뿐이었다.

　허술한 기반 위에 감당하기 어려운 선행 학습의 무게를 얹고 휘청거리는 우리 학생들에게 필요한 것은, 지식을 담을 수 있는 인식의 그릇 자체를 넓히는 것이다. 풍부한 어휘력은 그것을 위한 재료가 될 것이다. 가장 기본적인 것이 가장 쉽게 간과될 수 있다는 함정은 공부에 있어서도 동일했다.

　이 책이 그 함정에서 벗어날 수 있게 만드는 계기가 되기를 소망한다.

김송은

목 차

PART 1 서울대 합격생들의 어휘 공부법은 다르다

PART **2** 자기주도학습을 위한
7레벨 5스텝 어휘 공부법

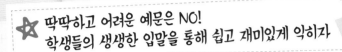

딱딱하고 어려운 예문은 NO!
학생들의 생생한 입말을 통해 쉽고 재미있게 익히자

국어 단어를 열심히 공부하기로 결심한 학생들이 마주하는 첫 번째 난관은 바로 다음과 같이 어려운 예문들이다.

잠정 : 暫定 잠깐 잠, 정할 정
　　– 임시로 정함.

예 IMF의 한국 경제 협의단은 한국 경제에 관한 IMF의 잠정 평가 및 정책 권고를 발표했다.
예 그들은 잠정 합의안에 대한 수용 여부를 결정하기로 했다.

　학생들이 이구동성으로 외치는 고충은, 어려운 단어를 익히고자 예문을 읽으면 오히려 그 예문이 더 어려워서 공부할 맛이 뚝 떨어진다는 것이다. 이 책은 아래와 같이 <u>아주 평범한 중고등학교 학생들의 일상적 대화를 통해 낯선 어휘들을 습득할 수 있도록 서술되어 있다.</u> 실제로 각각의 대화문들은 에듀플렉스 수백 명의 학생들이 어휘력 상담을 하는 과정에서 학생들이 스스로 만들어 보았던 용례를 참고로 했다.

잠정 : 暫定 잠깐 잠, 정할 정
　　– 임시로 정함.

영준 왕따 문제를 해결하겠다면서, 선생님이 가해자 철수와 피해자 영민이 자리를 떨어뜨려 놓으셨어. 그것으로 문제가 해결될 수 있을까?
정훈 잠정적인 조치에 불과하지, 근본적인 해결책은 아닐 것 같아.

이를 통해 언어영역 지문에서나 만날 수 있었던 난해한 단어들은 일상에서 사용되는 입말로 생기를 얻게 된다. 독자는 상황 속에 녹아들어 있는 단어의 의미를 보다 직접적으로 감각할 수 있게 된다. 학생들은 이 낯선 어휘들이 실제로 우리 국어의 한 부분을 담당하고 있는 말들이라는 것을 체감할 수 있다. 비슷한 상황에 처했을 때 이 책에서 배운 단어들을 스스로 사용해 본다면, 오래 기억하는 데 더할 나위 없이 도움이 될 것이다. 이러한 과정을 통해 고급한 어휘들과 익숙해지고 난 후에는 그전까지 이해하기 어려웠던 관념적 지문들도 쉽게 해독이 가능해질 것이다.

국어 어휘는 딱딱하게 암기해야 하는 지식의 영역이기 이전에, 단어의 의미를 감각적으로 느끼고, 받아들이고, 실제로 활용할 수 있는 모국어로서 자리매김되어야 한다. 하나의 단어가 적합한 상황을 만났을 때 언제라도 쉽게 입에서 튀어나올 수 있는 수준이 되어야, 비로소 그 말이 자신의 단어 사전에 확실하게 등재되었다고 할 수 있다.

☆ CHAMP 학습법으로 체계적으로 익히는 어휘 공부법

생경한 각 어휘들에 대해서 어떻게 공부를 시작해야 할까? 이 책은 총 7개의 레벨로 구성되어 있다. 각 레벨은 다시 5개의 스텝으로 나뉜다. 단계별로 어휘의 수준이 높아진다. 친숙한 단어부터 시작해서 조금씩 어려운 단어로 학습을 심화하게 될 것이다.

어휘를 공부하는 방법은, 학습의 근본적 사고의 흐름인 에듀플렉스 CHAMP(이해 – 사고 – 적용 – 암기 – 문제해결) 학습법에 의해 이루어진다. 낯선 지식을 완전히 제 것으로 만들기까지 학생의 두뇌에서 벌어지는 공부의 과정은 CHAMP로 요약할 수 있다.

Comprehend 이해
tHink 사고
Apply 적용
Memorize 암기
Problem solving 문제해결

Meta Test

본격적인 학습에 앞서서 앞으로 배워야 할 단어들을 얼마나 잘 알고 있는지 미리 점검하는 과정이다. 자신이 아는 지식과 모르는 지식을 정확하게 인식하고 있는 것이 상위권 학생들의 가장 중요한 특징 중 하나다. 모르는 지식이 아는 지식과 분리되어야만, 한정된 시간과 노력을 어디에 집중해야 할지 판단할 수 있기 때문이다. 전혀 들어 본 적 없는 낯선 단어들은 이미 알고 있는 단어보다 더 주의를 기울여 학습해야 한다.

1 상자 안 단어의 의미에 대하여 생각해 보고, 이해하고 있는 아래 표에 단어를 분류해 보세요.

□ 각별	□ 공감	□ 기여
□ 수모	□ 역경	□ 우롱
□ 통명스럽다	□ 후환	□ 간청
□ 둔화	□ 방대	□ 시행

CHAMP: C 이해, H 사고

단어를 구성하는 한자의 음과 뜻을 통해, 단어의 사전적 정의에 대하여 이해하고, 사고하는 과정이다. 한자어로 구성된 단어들은 한자의 의미를 반드시 익혀 두어야 한다. 한자어에 기반한 단어가 전체 어휘의 70퍼센트 이상을 차지하고 있는 우리말에서 한자의 음과 뜻에 대한 감각을 쌓는 것은 낯선 단어의 의미를 유추하기 위한 필수 조건이다.

2 각 단어를 구성하는 한자의 뜻, 단어의 사전적 정의를 이해하고, 대화를 통해 단어의 의미를 익혀 보세요.

1 **각별** : **各別** 각각 각, 다를 별
  – 어떤 일에 대한 마음가짐이나 자세 따위가 유달리 특별함.

> 영희와 희영이는 왜 맨날 붙어 다녀? 학교도 학원도 늘 같이 다니더라.
> 유치원 때부터 단짝이었대. 문제는 둘 사이의 우정이 워낙 각별해서 다른 친구가 끼어들 틈이 없다는 거야.
>
> 유의어 **독특**

CHAMP: A 적용

등장인물의 대화에 근거한 단어의 실제적 적용 사례를 통해, 학습한 단어가 실생활에서 어떻게 활용되는지를 확인하는 과정이다. 새로 배운 단어를 스스로 자신의 일상 속에서 활용해 본다면 단어의 의미를 더 공고히 기억할 수 있게 될 것이다.

CHAMP: M 암기

익힌 어휘들을 최종적으로 암기한 후, 사전적 정의에 해당하는 단어를 직접 적어 봄으로써 학습을 완성한다.

3 아래 설명된 의미의 단어를 써 보세요.

	의미	단어
1	어떤 일로 말미암아 뒷날 생기는 걱정과 근심.	
2	마음이 답답하고 쓸쓸함.	
3	간절히 청함.	

CHAMP: P 문제해결

각 레벨의 학습이 마무리될 때마다 총 100개 단어에 대한 숙지 여부를 가늠하기 위하여 각 단어가 활용된 다양한 문제를 풀어 본다. 40개 단어에 대한 짧은 글짓기를 통해 단어에 대한 감각을 익힌다. 문제해결 과정을 통해 학습의 완성도를 점검하고, 복습해야 할 단어를 익히며, 다음 레벨에 대한 도전 여부를 결정한다.

FINAL TEST ❶

1   다음 뜻에 알맞은 단어를 서로 연결하시오.

① 도약   실제로 드러나는 행동.

② 연마   어떤 결과를 가져오게 함.

③ 맹목적   주관이나 원칙이 없이 덮어 놓고 행동함.

④ 초래   더 높은 단계로 발전함을 비유적으로 이르는 말.

⑤ 행실   학문이나 기술 따위를 힘써 배우고 닦음.

☆ 다섯 명의 인물이 만들어 내는 흥미로운 스토리텔링

단어의 각 예문들은 개성 있는 다섯 명의 청소년이 등장해 이끌어 간다.

공부보다 친구가 우선이고 아이돌 EXO의 광팬인 '오지라퍼' 민지 | 중2 여학생

민지의 단짝 친구이자 인피니트의 팬. 하지만 차분한 모범생인 선영 | 중2 여학생

공부를 잘하고 싶다고 말은 하지만 사실은 말뿐! 모범생 영준, 최상위권 정훈과 어려서부터 삼총사인 민지 오빠 민수 | 고2 남학생

학원 의존형 모범생이지만 성적은 늘 중상위권인 영준 | 고2 남학생

학교 내신, 모의고사, 각종 경시대회에서도 늘 최상위권인 엄친아 정훈 | 고2 남학생

이 그 주인공이다.

우리 주변에서 흔히 볼 수 있는 청소년들이 엮어 내는 스토리텔링 사례를 통해 어휘를 더욱 실감 나게 익힐 수 있다.

PART 1

서울대
합격생들의
어휘 공부법은
다르다

1.
모든 공부의 기본은
어휘력이다!

사람들은 말을 한다. 사람들이 하는 '말'은 상황과 내용 등에 따라서 다른 많은 단어로 바꿀 수 있다. '대화'도 있고, '토론'도 있다. '강연'도 있고, '상담'도 있다. 또 어떤 것이 있을까? 논쟁, 토의, 의논, 상의, 밀담, 담화, 담소, 언어, 연설, 진술, 논술, 상술, 설교, 웅변, 변명, 항변, 궤변, 발설, 누설, 밀어, 용어, 은어, 격언, 금언, 발언, 허언, 실언, 충언, 간언, 구어, 고어, 문어, 서간 등등. 아마 이것보다 훨씬 더 많을 것이다.

'말'이라는 한 가지 단어만 알고 있는 사람들에게 이 세상 사람들의 모든 언어는 그냥 말일 뿐이다. 하지만 다양한 단어들을 알고 있는 사람들에게 이 세상에 존재하는 말들은 쓰임새와 뉘앙스에 따라 다 다르게 느껴진다. 이처럼 **사람은 자신이 알고 있는 단어의 숫자에 비례하여 세상을 더 정교하고 섬세하게 인식할 수 있다.** 보통 인간은 언어로 표현될 수 없는 것에 대해서 명확하게 사고할 수 없기 때문이다.

공부를 한다는 것은 결국 이 언어라는 도구를 통해 낯선 지식을 나의 인식 체계 안으로 받아들이는 행위다. 새롭고 광범위한 지식은 문자 언어를 통해 학습자에게 전달된다. 지식의 수준이 높아질수록 동시에 그 지식을 담고 있는 어휘의 양도 많아지고, 질도 높아진다. 학년이 올라갈수록 학생들이 점점 국어 어휘력의 부족을 실감하는 이유도 이 때문이다. 과학 과목이 어렵고, 사회 과목이 어렵다고 호소하는 학생들을 찬찬히 살펴보면, 내용의 어려움 여부를 떠나서 그 내용을 설명하는 글 앞에서 좌절하고 만다.

한자어에 기반한 추상적 단어들과 본격적으로 만나게 되는 중학교 3년 동안은 폭발적으로 어휘력을 향상시킬 수 있는 중요한 시기다. 이 시기에 얼마나 탄탄한 어휘력을 쌓았는지에 따라 고등학교 진학 이후 학습 능력이 좌우된다. 그런 이유로 **국어 어휘력은 다른 공부의 성장을 밑받침하는 토대, 즉 기반 학습 능력이라 한다.**

✪ 자기주도학습을 위한 어휘 공부

스스로 공부할 수 있는 학생을 만드는 일에 10여 년을 몰입했다. 그동안 만났던 많은 학생들 중 서울대에 합격한 학생들의 공통점은 무엇일까? 그중 하나는 그들이 생각보다 많은 학원을 다니지 않았다는 사실이다. 간혹 학원을 다니더라도, 거기서 그치는 것이 아니라 반드시 스스로 공부할 시간을 철저하게 확보했다. 다른 사람의 개입 없이, 스스로 책과 마주하고 책 속의 지식을 자력으로 받아들이고 정리하는 시간이, 실력 향상의 필수 과정이라는 것을 정확하게 알고 있기 때문이다.

자기주도적으로 공부하는 유능한 학생이 되기 위한 조건이야 여러 가지가 있겠으나, 결론적으로 가장 기초가 되는 핵심 능력은 국어 어휘력이었다. 많은 양의 공부를 한정된 시간 안에 완벽하고 철저하게 해내기 위해서는 결국 스스로 공부하는 것이 가장 효율적인데, 아는 단어가 몇 개 없어서야 상위권이 될 수 없다. 전쟁터에서 총알이 부족한 것과 같다.

어휘력이 풍부한 학생은 웬만한 내용쯤은 별도의 도움 없이 스스로 이해하고 정리하는 것이 가능하다. 내용을 완벽하게 숙지하고 암기하기 위해 소요되는 시간도 다른 학생들에 비하여 월등히 짧다. 학습 효율성이 높아지니 공부하는 것이 그렇게 어려울 것도 없다. 결국 탄탄한 어휘력은 학생들이 공부라는 이 거대한 벽과 조금은 행복하고 가볍게 마주할 수 있는 중요한 도구가 되는 셈이다.

✪ 서울대 합격생들은 어떻게 어휘 공부를 할까

대한민국 입시 관문의 최정상인 서울대에 합격한 학생들의 공부 공통점은 무엇일까? 그 핵심은 '어휘력이 모든 공부의 기본이 된다'는 사실을 인식하고 있었다는 점이다. 그동안 만났던 서울대 합격생들을 인터뷰해 어휘 공부의 비법을 정리했다. 또 중학교 때 꼭 알아야 하는 기본 어휘 1,500자를 7레벨, 5스텝으로 담았다. 쉬운 단어부터 어려운 단어까지 다양한 용례를 통해 파악함으로써 체계적으로 학습할 수 있다.

지금 중학생이라면, 어휘 공부에 어려움을 겪고 있는 고등학생이라면 이 책이 제안하는 어휘 공부의 비법을 통해 효과적으로 학습할 수 있을 것이다. 어휘 실력은 저절로 늘지 않는다. 다른 모든 학습이 그렇듯이 어휘도 틈틈이 차근차근 공부해야 온전히 자신의 것이 된다. 딱딱한 사전을 외우지 않아도, 한자 공부를 하지 않아도, 따라 읽는 것만으로도 어휘 실력이 성장하는 어휘 공부법을 배울 수 있을 것이다.

2.
서울대 합격생들의
진짜 어휘 공부법

1. Q 최상위권이 되기 위해서 어휘 실력은 왜 중요할까요?

A 부족한 어휘 실력이 고등학교 공부의 발목을 잡는다

대부분의 학생들이 겪는 난관 중 하나는 과목과 관계 없이 글의 전체적 내용을 파악하지 못한다는 점이다. 이처럼 국어 어휘력은 국어 영역에 국한된 문제가 아니다. 우리는 국어를 통해 수학, 영어, 사탐, 과탐을 학습하고 있는데, 이 모든 영역에서 어휘력이 부족하면 내용을 이해하는 것이 어렵다. 심지어 영어 단어의 의미를 사전에서 찾아본 후 그 설명을 이해하지 못하는 경우도 발생한다. 수학의 '확률과 통계'는 단어 하나를 잘못 해석하면 완전히 다른 문제가 되어 버린다. 서울대 합격생들은 최상위권이 되기 위해서는 반드시 따로 어휘 공부를 해야 한다고 말한다.

최다훈
사범대학, 14학번

대부분의 학생이 중학교 때까지는 국어 어휘의 중요성을 느끼지 못한다. 중학교 시험 자체가 제한된 범위만 공부하도록 되어 있어 어휘력이 낮은 학생과 높은 학생의 실력이 별로 차이가 나지 않기 때문이다. 그러나 고등학교에 올라가면 사정은 달라진다. 중학교 때 어휘 공부를 소홀히 해 온 학생은 최상위권이 되기에 결정적 발목을 잡힌다. 고등학교에 올라가서도 모국어라는 이유로 국어 어휘를 방치하는 경우가 많은데, 일상에서 쓰는 단어 실력만으로는 최상위권이 될 수 없다.

우종건
공과대학, 14학번

수능 국어 영역에서 가장 중요한 것은 독해 문제다. 비문학 독해 실력을 단기간에 올릴 수 있는 방법 중 하나가 어휘 공부를 하는 것이다. 흔히 독서를 통해 어휘력을 올리라고 하지만, 현실적으로 고등학생이 마냥 책을 많이 읽고 있을 수는 없다. 나는 차선책으로 어려운 어휘에 대해 따로 공부 시간을 할애했는데 이것이 큰 도움이 되었다. 단어가 모여 문장이 되고, 문장이 모여 지문이 되기 때문이다.

김충현
공과대학, 10학번

문제 해결력은 글을 읽고 이해하는 능력이 좌우한다. 글이라는 것은 뜻을 가진 단어들이 유기적으로 연결되어 새로운 의미를 갖는 것이다. 기계에서 톱니바퀴가 빠지면 잘 작동하지 않듯이, 어휘의 뜻을 모른다면 글을 완전히 이해할 수 없다. 그래서 어휘 실력이 글을 이해하는 데 중요하다. 어휘력은 결국 성적으로 연결된다.

이상현
사범대학, 09학번

지금 교육 과정에서 국어 교과서는 크게 화법, 작문, 문법, 독서, 문학으로 구분할 수 있다. 말하기 상황, 글쓰기 상황에서 적절한 어휘를 선택하는 것은 당연히 중요한 일이며, 이는 수학능력시험 문제를 풀 때도 마찬가지다. 문법에서도 어휘는 큰 비중을 차지한다. 사전 찾기 문제나 합성어 혹은 파생어와 관련된 문제들이 종종 출제되는 것을 본 적이 있을 것이다. 독서, 즉 비문학 영역과 문학 영역에 나오는 작품을 올바르게 이해하기 위해서도 다양한 어휘를 잘 알아야 한다. 학년이 올라갈수록 점점 더 어휘 수준이 높아진다. 그런 만큼 적절한 어휘 실력이 뒷받침되어야 글을 제대로 파악하고 문제를 해결할 수 있다.

2. ⓠ 나만의 어휘 공부 비법은 무엇인가요?

ⓐ 독서 + 종이 신문 + 오답 노트 + 국어 사전 등 다방면으로

학생들이 어휘 때문에 공부의 어려움을 느끼게 되는 계기는 주로 국어 모의고사 후였다. 직접적으로 관련되어 있는 문법 문제부터 소설이나 시 속의 어휘 문제에 이르기까지, 모의고사 내에서 모르는 어휘는 상당하다. 서울대 합격생들은 저마다 '나만의 어휘 공부 비법'이라고 말할 수 있는 노하우를 가지고 있었다. 어렸을 때부터 길러 온 독서 습관, 모르는 어휘를 정리하는 오답 노트 작성, 국어 사전 조사, 종이 신문 읽기, 어휘의 이미지화 등 그 방법도 다양했다. 특히 사자성어는 가로세로 낱말 퍼즐이나 퀴즈 게임 등을 통해 쉽고 재미있게 배울 수 있었다고도 한다.

김미정
공과대학, 14학번

문학, 비문학을 가리지 않고 다방면으로 책을 많이 읽었다. 처음에 수준 높은 책들을 읽었을 때는 모르는 용어가 워낙 많아서 책을 읽기가 힘들었다. 하지만 포기하지 않고 꾸준히 책을 읽다 보니 모르는 어휘의 빈도가 줄어들면서 자연스레 어휘 능력이 향상되었다.

우종건
공과대학, 14학번

초등학교 시절부터 꾸준히 한자 공부를 해 왔다. 한자가 많은 부분을 차지하는 우리말의 특성상, 한자어의 근간인 한자를 공부하는 것이 어휘 공부에 도움이 되었다. 그리고 한자를 통해 모르는 단어를 유추하듯, 단어를 통해 문장의 뜻을 유추하는 방법을 스스로 터득하게 되었다.

최다훈
사범대학, 14학번

모의고사를 친 후에는 모르는 어휘가 나오면 반드시 찾아서 뜻과 쓰임을 노트에 정리했다. 나는 특히 사전을 많이 활용했다. 사전에는 그 어휘의 뜻은 물론 유의어 및 반의어까지 소개되어 있어 어휘 실력을 상당히 빠르게 높일 수 있었다. 또 어휘·어법은 전문적으로 다룬 참고서를 통해 따로 공부한 것이 큰 도움이 되었다.

이상현
사범대학, 09학번

일상생활에서는 고급한 어휘를 접할 기회가 없기 때문에 반드시 책이나 자료를 읽는 버릇을 들여야 한다. 나는 종이 신문을 많이 읽었는데, 인터넷 기사보다 반드시 종이 신문을 추천한다. 인터넷 기사는 가벼운 단어나 잘못된 표현이 사용된 경우도 많았기 때문이다. 무엇보다도 어휘 학습에 가장 도움이 되었던 것은 '한자'다. 많은 학생들이 한자를 제2외국어로 취급하면서 도외시한다. 하지만 한자에 대한 이해는 어휘의 뜻을 파악하는 데 많은 도움이 된다.

예를 들어 '양산(量産)'이라는 단어는 '양과 질'에서 말하는 '양(量)'이라는 한자와 '생산한다'를 뜻하는 '산(産)'이라는 한자가 합쳐진 단어다. 이 사실을 알게 되면 사전적인 정의를 알지 못하더라도 충분히 단어의 의미를 파악할 수 있다. 또 한자를 많이 알지 못하더라도 기존에 알고 있던 한자어를 이용해 새로운 어휘들을 알아 갈 수 있다.

김세영
공과대학, 14학번

모르는 단어가 나오면 반드시 찾아서 익히고 넘어갔다. 또 어려운 단어가 나오면 다른 단어로 치환하는 연습을 꾸준히 했다. 사자성어는 가로세로 낱말 퍼즐이나 퀴즈 게임을 즐겨 했는데, 쉽고 재미있게 사자성어를 배울 수 있었다.

3.

Q 스스로 공부하기 위해 어휘력이 중요한 이유는 무엇일까요?

A 어휘에 턱 막히는 순간, 사고도 꽉 막힌다

선생님과 수업할 때는 다소 어려운 어휘가 등장한다고 해도 크게 문제가 되지 않는다. 당연히 선생님이 어려운 어휘를 풀이하고 학생들은 받아 적으면서 익히면 그만이기 때문이다. 하지만 혼자서 공부할 때는 상황이 다르다. 공부하다가 모르는 단어가 나오면 그 순간 공부의 집중력이 흐려지고, 사고도 막힌다. 중간에 모르는 단어를 찾다 보면 시간도 소모되어 효율성이 떨어진다. 서울대 합격생들은 모르는 어휘는 내용에 대한 이해를 떨어뜨려, 공부에 대한 흥미를 잃게 만든다고 말한다. 그래서 어휘력이 중요하다고 강조한다.

정수진
인문대학, 14학번

나는 자기주도학습을 고등학교 시절 내내 실천했다. 혼자서 영어를 해석할 때는 물론이고, 수학 문제를 이해하는 데도, 사회 과목을 공부할 때도 기본적인 어휘에 대한 이해가 필수였다. 혼자 시간을 재며 공부하던 수험생 시절, 어휘력이 늘면 늘수록 문제 푸는 시간을 단축할 수 있었다.

전수영
사범대학, 13학번

자기주도학습은 학생 스스로 지식을 체계화하는 과정이다. 혼자서 공부하다 보면 '오개념'이 빈번하게 생긴다. 오개념의 대부분은 어휘의 오용이나 잘못된 이해에서 비롯된다. 오개념을 최소화하기 위해서는 어휘력이 뒷받침되어야 한다.

남윤서
공과대학, 14학번

자기주도학습에서 가장 힘든 점은 공부하다가 모르는 내용이 나올 때 느끼는 두려움이었다. 모르는 어휘에 대한 두려움은 공부할 때 스트레스가 되었다. 반면에 어려운 단어라도 내가 알고 있는 말이 나오면 더욱 탄력을 받아 효과적으로 공부할 수 있다. 공부는 집중력과 시간의 문제니까.

20

남정훈
공과대학, 11학번

　　자기주도학습은 아무래도 참고서의 답안지와 해설에서 많은 도움을 받는다. 그런데 항상 해설지에서 모든 것을 설명해 줄 수는 없다. 고등학생용 교재에서 중학생 때 알아야 할 개념어를 다시 설명하지는 않으니까. 그러면 학생들은 그 개념어의 정확한 뜻을 모르기 때문에 두루뭉술하게 이해하고 넘어가게 된다. 그게 나중에는 시험에서 오답으로 돌아온다. 따라서 해설서와 참고서를 정확하게 이해하기 위해서는 어휘력이 뒷받침되어야 한다.

이민경
농업생명과학대학, 12학번

자기주도학습을 위해 가장 필요한 것은 본인이 계획한 것을 모두 해낸 뒤 이어지는 성적 향상에서 오는 성취감이다. 어휘 실력이 높아지면 문제 이해력도 좋아지고 출제자의 의도 파악도 훨씬 쉬워지기 때문에 효율적으로 성적을 상승시킬 수 있다. 성적이 향상되면서 얻는 성취감과 자신감은 꾸준하게 자기주도학습을 이어갈 수 있는 원동력이 된다.

4. Q 성적과 어휘력의 상관관계는 어떠한가요?

A 어휘 실력과 성적의 관계는 계산 능력과 수학 성적의 관계와 같다

처음 접하는 개념을 만났을 때, 어휘 뜻을 아는 학생과 모르는 학생 사이에는 초기 이해도에서 현격한 차이가 생긴다. 이는 곧 학습에 대한 흥미의 차이로 이어진다. 초기 이해도가 높으면 다음 내용이 금방금방 이해되기 때문에 같은 참고서로 공부해도 결과가 더 우수하다. 어휘를 많이 알아도 공부를 게을리한다면 성적을 올리기 어렵다. 그래서 어휘 능력이 성적과 정적 상관을 이룬다고 말할 수 없다. 하지만 어휘는 분명히 성적을 올리는 데 필수다. 서울대 합격생들은 어휘는 공부하는 데 중요한 도구 중 하나이며 국어를 비롯한 다양한 과목에 영향을 미친다고 말한다.

우종건
공과대학, 14학번

어휘 실력과 성적의 상관관계는 계산 능력과 수학 성적의 상관관계와 같다. 계산만 잘한다고 수학 성적이 좋은 것은 아니다. 하지만 계산 능력은 수학 실력의 기초 역량이 된다. 어휘력만 좋다고 공부를 잘하는 것은 아니지만, 어휘력이 좋지 않다면 절대로 공부를 잘할 수 없다.

정수진
인문대학, 14학번

국어 어휘 실력이 없어도 어찌어찌 상위권까지는 갈 수 있을지도 모른다. 그러나 동일한 조건일 때 최상위권을 가르는 단 하나의 변수는 국어 어휘력이다. 실제로 단기간에 국어 성적이 올랐다는 주위 친구들을 살펴보면, 어휘력이 큰 도움이 되었던 경우가 많았다.

남정훈
공과대학, 11학번

국어 어휘 실력이 높은 경우 전 과목에 대한 이해도가 높고 핵심을 찾아내는 힘이 있기 때문에 전 과목 성적이 높을 가능성이 크다. 예를 들면 어휘력이 풍부한 학생은 수학 개념도 빠르고 정확하게 이해할 수 있다. 반대로 어휘력이 부족한 학생은 개념 자체가 이해되지 않기 때문에 아무리 많은 문제를 푼다고 하더라도 수학 성적이 오르는 데 한계가 있다.

김충현
공과대학, 10학번

　　시험은 시간이 정해져 있다. 주어진 시간 내에 많은 지문을 다 읽고 문제까지 풀 수 있는 시간적 여유를 확보하느냐가 성적을 좌우한다. 이때 시간적 여유는 대부분 지문을 읽고 이해하는 데 걸리는 시간이 좌우한다. 결국 지문 읽는 시간을 결정하는 어휘 실력이 성적을 올리는 관건이다.

김미정
공과대학, 14학번

국어 어휘 실력이 좋다고 성적이 좋은 것은 아니지만, 성적이 좋다는 것은 국어 어휘 실력이 좋다는 뜻이다. 즉, 탄탄한 국어 어휘 실력은 성적이 좋기 위해서 반드시 필요한 밑거름이다. 문제에서 필요로 하는 요소를 알기 위해서는 그 문제의 뜻을 잘 해석해야만 하고, 여기에는 충분한 어휘 실력이 필수다.

Q 국어 어휘 공부, 이런 점이 어려웠다!

A 영어 단어는 공부하면서 왜 국어 어휘는 공부하지 않을까

국어는 우리말이기 때문에 학생들은 정작 자신이 모르는 어휘가 무엇인지를 잘 파악하지 못한다. 보통의 경우 일상생활에서 의사소통에 크게 문제가 없기 때문에 잘못된 어휘를 쓰면서도 잘못된 점을 모르고 넘어간다. 즉 문제는 생각보다 국어 어휘도 공부할 것이 많다는 것을 아예 모르고 있다는 점이다. 국어 사전을 생각해 보면 알 것이다. 그 많은 어휘를 모르는데도 어휘력 향상을 위해 따로 시간을 할애하지 않으니 발전이 없다. 서울대 합격생들은 국어 어휘의 중요성을 깨닫는 것이 국어 어휘력 향상을 위한 첫걸음이라고 강조한다.

정수진
인문대학, 14학번

국어는 문제를 꾸준히 푸는 것이라고 생각했던 만큼, 처음에는 어휘 뜻을 사전에서 일일이 찾아보지 않았다. 그런데 어휘 공부를 소홀히 할수록 독해 능력에 지장이 생기고 문제를 틀렸다. 그래서 귀찮더라도 꾸준히 어휘를 공부하는 습관을 길렀다. 또 한자어도 공부했다. 한자 공부는 단어를 보고 뜻을 짐작하는 데 큰 도움이 되었다. 마치 신의 한수와도 같았다.

이민경
공과대학, 12학번

보통 시험은 범위가 정해져 있어 그 부분만 공부하면 된다. 하지만 국어, 특히 어휘는 과목 특성상 매우 광범위하게 공부해야 한다는 점이 가장 어렵다. 따라서 무작정 모두 암기하려고 하기보다는 반복적으로 나오는 단어를 자연스럽게 습득하는 것이 더 바람직하다.

김충현
공과대학, 10학번

학습은 이전까지 몰랐던 정보를 머리에 새로이 기억하는 과정이다. 그래서 어느 정도 암기 노력이 꼭 필요하다. 이러한 암기 과정은 반복적 학습이 필요하다. 지루한 반복 학습이 어휘 공부의 가장 어려운 점 중 하나였다.

김미정
공과대학, 14학번

　　나도 처음에는 국어 어휘 공부를 따로 하지 않았다. 하지만 학년이 올라갈수록 어휘 공부의 필요성을 느꼈다. 흔히들 영어 단어를 공부하는 데만 시간을 투자한다. 하지만 기반 학습인 국어 어휘 공부가 더 중요하다. 이렇게 국어 어휘 공부의 필요성을 모르는 것이 큰 문제다.

김성균
공과대학, 14학번

　　국어 어휘 공부에서 가장 어려운 점은 방대한 어휘의 양이다. 국어 사전의 두께만 봐도 알 수 있다. 이 많은 어휘를 일일이 다 공부한다는 것은 사실 불가능하다. 그렇기에 어휘 공부는 학생들에게 부담으로 다가올 수밖에 없다. 이러한 점에 대해 고민하지 말고 매일매일 조금씩이라도 어휘 공부를 실천하자. 점점 쌓여 가는 어휘 실력을 스스로도 느낄 수 있을 것이다.

PART **2**

자기주도학습을 위한
3레벨 5스텝
어휘 공부법

LEVEL
1

STEP 1

STEP 2

STEP 3

STEP 4

STEP 5

1 상자 안 단어의 의미에 대하여 생각해 보고, 이해하고 있는 수준에 따라
아래 표에 단어를 분류해 보세요.

| ☐ 각별 | ☐ 공감 | ☐ 기여 | ☐ 도약 | ☐ 반영 |

| ☐ 수모 | ☐ 역경 | ☐ 우롱 | ☐ 잠복 | ☐ 조언 |

| ☐ 퉁명스럽다 | ☐ 후환 | ☐ 간청 | ☐ 과민 | ☐ 난감 |

| ☐ 둔화 | ☐ 방대 | ☐ 시행 | ☐ 연마 | ☐ 울적 |

정확하게 의미를 알고 있는 단어	들어 본 적은 있으나 의미는 정확하지 않은 단어	전혀 의미를 모르는 처음 들어 보는 단어

2 각 단어를 구성하는 한자의 뜻, 단어의 사전적 정의를 이해하고,
대화를 통해 단어의 의미를 익혀 보세요.

1 **각별** : **各別** 각각 **각**, 다를 **별**

– 어떤 일에 대한 마음가짐이나 자세 따위가 유달리 특별함.

> 영희와 희영이는 왜 맨날 붙어 다녀? 학교도 학원도 늘 같이 다니더라.

> 유치원 때부터 단짝이었대. 문제는 둘 사이의 우정이 워낙 **각별**해서 다른 친구가
> 끼어들 틈이 없다는 거야.

유의어 **독특**

2 **공감** : **共感** 한가지 **공**, 느낄 **감**

– 남의 주장이나 감정, 생각 따위에 찬성하여 자기도 그렇다고 느낌.

> 상담 선생님하고 면담했다더니 무슨 이야기했어?

> 내 고민에 대해서 깊이 **공감**해 주셔서, 말하기 어려웠던 비밀도 다 털어놓게 되었어.

유의어 **동감**

3 **기여** : **寄與** 부칠 **기**, 더불어 **여**

– 도움이 되도록 이바지함.

> 우리 반이 체육대회에서 우승할 수 있도록 내가 **기여**할 방법이 뭐가 있을까?

> 너는 운동 신경이 없는 대신 목소리가 크니, 응원으로 도와줘.

유의어 **공헌, 이바지**

4 **도약** : **跳躍** 뛸 **도**, 뛸 **약**

– 더 높은 단계로 발전함을 비유적으로 이르는 말.

> 겨울 방학은 실력을 올릴 수 있는 절호의 기회야.

> 겨울 방학이 지나고 나면 갑자기 최상위권으로 **도약**한 스타들이 탄생하더라.

5 **반영** : **反映** 돌이킬 **반**, 비칠 **영**

– 다른 것에 영향을 받아 어떤 현상이 나타남.

> 대학 입시에서 내신의 **반영** 비율이 점점 높아지고 있어.

> 나처럼 내신보다 모의고사에서 성적이 더 잘 나오는 학생은 점점 불리해지는 느
> 낌이야.

6 **수모** : 受侮 받을 수, 업신여길 모

– 남에게 모욕을 받음.

 전교 100등에게까지만 허락된 특별 자율학습이 시작된다는군. 너는 못 가겠지?

성적으로 이렇게 차별을 받다니, 열심히 공부해서 오늘의 **수모**를 꼭 만회하겠어.

유의어 **망신, 모욕**

7 **역경** : 逆境 거스를 역, 지경 경

– 일이 순조롭지 않아 매우 어렵게 된 처지나 환경.

온갖 **역경**을 이겨 내고 성공한 사람들을 보면 대단하다고 느껴질 때가 많아.

나처럼 부모님의 보호 속에 자란 아이들에게서는 찾기 힘든 위대함이 있어.

유의어 **난항, 난관**

8 **우롱** : 愚弄 어리석을 우, 희롱할 롱

– 사람을 어리석게 보고 함부로 대하거나 웃음거리로 만듦.

요즘 과자는 커다란 봉지 속에 과자가 몇 개 안 들어 있어서 황당할 때가 많아.

질소를 사면 과자를 끼워 주는 느낌이라니까. 소비자를 **우롱**하는 것 같아.

유의어 **조롱, 야유**

9 **잠복** : 潛伏 잠길 잠, 엎드릴 복

– 드러나지 않게 몰래 숨어 엎드림.

주말에 뭐 했길래 이렇게 얼굴이 피곤해 보이니?

'EXO' 숙소 앞에 이틀 동안 **잠복**해 있다가 드디어 '타오'의 얼굴을 봤어.

유의어 **매복**

10 **조언** : 助言 도울 조, 말씀 언

– 말로 거들거나 깨우쳐 주어서 도움.

'졸업생 선배와의 대화'는 아주 유익한 시간이었어.

선배들이 해 준 **조언**이 내가 진로를 결정하는 데 많은 도움이 되었어.

유의어 **간언, 권고**

11 퉁명스럽다

– 못마땅하거나 시답지 아니하여 불쑥 하는 말이나 태도에 무뚝뚝한 기색이 있다.

국어 선생님은 나를 싫어하는 것이 분명해. 내가 질문할 때마다 **퉁명스럽게** 대답하셔.

내가 보기에는 네가 질문하는 말투가 늘 공격적이야. 너는 못 느끼고 있겠지만.

유의어 **거칠다, 불퉁스럽다**

12. 후환 : 後患 뒤 후, 근심 환

– 어떤 일로 말미암아 뒷날 생기는 걱정과 근심.

오빠가 새로 산 게임기를 몰래 만졌는데 그만 망가졌어. **후환**이 두렵다.

나중에 들키는 것보다 미리 자수하는 것이 낫지 않을까?

13 간청 : 懇請 간절할 간, 청할 청

– 간절히 청함.

데이터 이용료가 10만 원이 나와서 엄마가 휴대폰을 압수하셨어.

이제 '카톡'도 못 하겠네? 한 번만 봐 달라고 눈물로 **간청**해 봐.

유의어 **애원, 청원, 청탁, 부탁**

14 과민 : 過敏 지날 과, 민첩할 민

– 감각이나 감정이 지나치게 예민함.

아까 너희 반에서 왜 그렇게 큰 비명 소리가 들렸어?

교실로 말벌 한 마리가 들어왔다고, 여자애들이 **과민**하게 반응한 거야.

15 난감 : 難堪 어려울 난, 견딜 감

– 이렇게 하기도 저렇게 하기도 어려워 처지가 매우 딱함.

공원 화장실에 갈 때 휴지를 꼭 챙겨. 예전에 볼일을 봤는데 휴지가 없어서 **난감**했어.

요즘에는 달라졌을걸? 우리나라 공중 화장실의 상태는 세계적 수준이라고.

유의어 **곤란, 난처**

16 둔화 : 鈍化 둔할 둔, 될 화

– 변하거나 움직이는 속도가 느리고 무디게 됨.

🧑 그렇게 감기가 심한데 왜 약을 안 먹고 버티는 거야?

🧑 감기약을 먹으면 신경이 둔화되고 잠이 와서 공부하기가 어렵거든.

17 방대 : 厖大 두터울 방, 클 대

– 규모나 양이 매우 크거나 많음.

🧑 수학 시험범위 봤어? 완전 방대해!

🧑 어떻게 시험 한 번에 책 반 권을 공부하라는 거야. 난 포기했어.

유의어 **막대, 대단**

18 시행 : 施行 베풀 시, 다닐 행

– 실제로 행함. 법령을 공포한 뒤에 그 효력을 실제로 발생시키는 일.

👧 우리 엄마가 학생일 때는 교복자율화가 시행되어서, 학교에 청바지를 입고 다녔대.

👧 와! 우리로서는 상상도 할 수 없는 일이네. 좋았겠다.

유의어 **집행, 실시**

19 연마 : 研磨 갈 연, 갈 마

– 학문이나 기술 따위를 힘써 배우고 닦음.

🧑 어떻게 하면 '천상계' 계급까지 올라갈 수 있어?

🧑 매일 PC방에서 두 시간씩 기술을 연마하면 돼!

유의어 **탐구, 도야, 탁마, 세련, 훈련, 함양, 단련**

20 울적 : 鬱寂 막힐 울, 고요할 적

– 마음이 답답하고 쓸쓸함.

🧑 전교 1등 자리를 라이벌인 지훈이에게 뺏겼으니 정훈이가 기분이 울적하겠다.

🧑 오히려 평소보다 훨씬 명랑한 척하던걸. 그래서 더 어색했어.

유의어 **우울**

3 아래 설명된 의미의 단어를 써 보세요.

의 미	단 어
1 어떤 일로 말미암아 뒷날 생기는 걱정과 근심.	
2 마음이 답답하고 쓸쓸함.	
3 간절히 청함.	
4 말로 거들거나 깨우쳐 주어서 도움.	
5 학문이나 기술 따위를 힘써 배우고 닦음.	
6 다른 것에 영향을 받아 어떤 현상이 나타남.	
7 이렇게 하기도 저렇게 하기도 어려워 처지가 매우 딱함.	
8 도움이 되도록 이바지함.	
9 실제로 행함. 법령을 공포한 뒤에 그 효력을 실제로 발생시키는 일.	
10 남의 주장이나 감정, 생각 따위에 찬성하여 자기도 그렇다고 느낌.	
11 드러나지 않게 몰래 숨어 엎드림.	
12 변하거나 움직이는 속도가 느리고 무디게 됨.	
13 남에게 모욕을 받음.	
14 감각이나 감정이 지나치게 예민함.	
15 일이 순조롭지 않아 매우 어렵게 된 처지나 환경.	
16 규모나 양이 매우 크거나 많음.	
17 더 높은 단계로 발전함을 비유적으로 이르는 말.	
18 사람을 어리석게 보고 함부로 대하거나 웃음거리로 만듦.	
19 못마땅하거나 시답지 아니하여 불쑥 하는 말이나 태도에 무뚝뚝한 기색이 있다.	
20 어떤 일에 대한 마음가짐이나 자세 따위가 유달리 특별함.	

정답 15개 이상 - 다음 단계 도전!

1 상자 안 단어의 의미에 대하여 생각해 보고, 이해하고 있는 수준에 따라
아래 표에 단어를 분류해 보세요.

☐ 잠입   ☐ 즉흥적   ☐ 흡족   ☐ 간추리다   ☐ 관대

☐ 편파적   ☐ 날렵하다   ☐ 매몰차다   ☐ 방치   ☐ 신신당부

☐ 위선   ☐ 장벽   ☐ 지연   ☐ 폭리   ☐ 감당

☐ 관여   ☐ 낭패   ☐ 맹렬   ☐ 배척   ☐ 실속

정확하게 의미를 알고 있는 단어	들어 본 적은 있으나 의미는 정확하지 않은 단어	전혀 의미를 모르는 처음 들어 보는 단어

2 각 단어를 구성하는 한자의 뜻, 단어의 사전적 정의를 이해하고, 대화를 통해 단어의 의미를 익혀 보세요.

1 잠입 : 潛入 잠길 잠, 들 입

– 아무도 알아차리지 못하게 몰래 숨어 들어감.

🙂 백제 사람이었던 '서동'이 신라에 **잠입**해서 '서동요'를 퍼뜨렸어.

🙂 결국 신라의 공주와 결혼까지 했으니, 지금 관점에서 보면 첩보로맨스 영화네.

2 즉흥적 : 卽興的 곧 즉, 흥취 흥, 과녁 적

– 그 자리에서 바로 일어나는 감흥이나 기분에 따라 내키는 대로 하는 것.

🙂 5교시에 아이들이 너무 조니까, 수학 선생님이 **즉흥적**으로 야외수업을 제안하셨어.

🙂 수학 선생님이 인기가 많은 이유가 있어. 정말 센스쟁이야.

3 흡족 : 洽足 흡족할 흡, 만족할 족

– 조금도 모자람이 없을 정도로 넉넉하여 만족함.

🙂 이번 기말고사에서 우리 반이 학년 전체에서 1등을 했어.

🙂 너희 담임 선생님이 **흡족**한 미소를 머금고, 아이스크림을 쏘신 이유가 있었구나.

유의어 **충분, 충족**

4 간추리다

– ① 흐트러진 것을 가지런히 바로잡다. ② 글 따위에서 중요한 점만을 골라 간략하게 정리하다.

🙂 독서 감상문 수행평가에서 내가 제일 낮은 점수를 받았어. 뭐가 문제지?

🙂 그렇게 줄거리만 **간추리면** 감상문이 아니잖아. 너의 느낌과 생각을 적어야지.

유의어 **개괄하다, 요약하다, 가리다, 추리다**

5 관대 : 寬大 너그러울 관, 클 대

– 마음이 너그럽고 큼.

🙂 아빠는 나에게는 엄격하시고 동생에게는 항상 **관대**하셔. 불공평해.

🙂 그것이 아들의 비애이자, 딸의 특권이지.

유의어 **관용, 관후, 인자**

6 **편파적** : 偏頗的 치우칠 편, 자못 파, 과녁 적

– 공정하지 못하고 어느 한쪽으로 치우침.

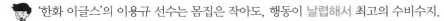 지난주에 너희 담임 선생님이 1등한테만 심화 문제집을 따로 챙겨 주셨다며?

공부 못하는 사람은 서러워 못 살겠네. 완전 **편파적**이야!

7 **날렵하다**

– ① 재빠르고 날래다. ② 매끈하게 맵시가 있다.

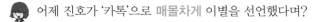 '한화 이글스'의 이용규 선수는 몸집은 작아도, 행동이 **날렵해서** 최고의 수비수지.

수비만 잘하는 것이 아니라, 공격도 지능적이야. 내가 제일 좋아하는 선수야.

유의어 **민첩하다, 날쌔다**

8 **매몰차다**

– ① 인정이나 싹싹한 맛이 없고 아주 쌀쌀맞다. ② 목소리가 높고 날카로우며 옹골차다.

어제 진호가 '카톡'으로 **매몰차게** 이별을 선언했다며?

그런 얘기를 그렇게 일방적인 문자로 통보하다니. 어이없어.

유의어 **냉정하다, 박정하다, 야박하다, 쌀쌀하다, 무정하다, 야멸차다**

9 **방치** : 放置 놓을 방, 둘 치

– 돌보지 않고 그냥 내버려 둠.

얼마나 아프길래 고작 충치로 조퇴까지 했어?

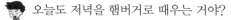 살짝 썩은 충치를 **방치**했더니, 이제는 신경치료까지 해야 한대.

유의어 **방관, 좌시, 방임**

10 **신신당부** : 申申當付 거듭 신, 거듭 신, 마땅 당, 줄 부

– 거듭하여 간곡히 하는 당부.

오늘도 저녁을 햄버거로 때우는 거야?

엄마가 꼭 밥으로 사 먹으라고 **신신당부**하셨는데, 학원 갈 시간이 촉박해서 할 수 없어.

11 위선 : 僞善 거짓 위, 착할 선

– 겉으로만 착한 체함

🧑 연암 박지원의 『허생전』과 『호질』의 주제의식이 뭐야?

😎 양반 계급의 허위와 **위선**에 대한 풍자지. 박지원 자신도 양반이었는데, 그렇게 날카로운 풍자의 시선으로 양반을 비판하다니 정말 대단한 것 같아.

12 장벽 : 障壁 막을 장, 벽 벽

– 가리어 막은 벽.

👧 나 같은 인재는 이다음에 훌륭한 글로벌 리더로 성장하게 될 거야.

👦 영어의 **장벽**에 가로막혀 말 한마디도 못하는 글로벌 리더도 있냐?

13 지연 : 遲延 더딜 지, 늘일 연

– 무슨 일을 더디게 끌어 시간을 늦춤.

👧 시간 약속에 강박증이 있는 진희가 어쩐 일로 이렇게 늦을까?

👧 지하철 고장으로 열차 운행이 **지연**되었대. 그 성격상 속이 타고 있을걸.

유의어 **연체, 지체, 연기**

14 폭리 : 暴利 사나울 폭, 이로울 리

– 부당한 이익. 한도를 넘는 이익.

👦 아웃도어 브랜드로 학생들 사이에 계급이 나뉘고 있다는 사실, 너무 어이없지 않니?

😎 원가를 상상하면 어마어마한 **폭리**를 남겼을 것 같아. 학생들이 상술에 놀아나는 거지.

15 감당 : 堪當 견딜 감, 마땅 당

– 일 따위를 맡아서 능히 해냄.

👦 우리나라 10대 청소년의 자살률이 점점 높아지고 있대.

👦 **감당**하기 어려운 고민 앞에서 결국 극단적 선택을 했겠지만, 나는 조금씩만 더 힘을 내면 좋겠어.

16 관여 : 關與 관계할 **관**, 더불어 **여**

– 어떤 일에 관계하여 참여함.

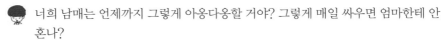 너희 남매는 언제까지 그렇게 아옹다옹할 거야? 그렇게 매일 싸우면 엄마한테 안 혼나?

우리 엄마는 우리 사이에 벌어진 일에는 일절 **관여**하지 않으셔.

유의어 **간섭, 개입, 참견**

17 낭패 : 狼狽 이리 **낭**, 이리 **패**

– 계획하거나 기대한 일이 실패하거나 어긋나 딱하게 됨.

유럽은 선진국인 것 같지만, 치안이나 공공질서는 우리나라보다 못한 것 같아.

작년에 유럽 여행 가셨던 우리 할머니도 지갑을 도둑맞아서 **낭패**를 보셨다더라.

유의어 **좌절**

18 맹렬 : 猛烈 사나울 **맹**, 세찰 **렬**

– 기세가 몹시 사납고 세참.

야구는 역시 9회말 투아웃 이후부터 시작되지.

어제 지고 있던 '두산'이 9회에 **맹렬**하게 추격해서 결국 짜릿한 역전에 성공했어.

유의어 **치열, 통렬**

19 배척 : 排斥 밀칠 **배**, 물리칠 **척**

– 따돌리거나 거부하여 밀어 내침.

가장 무자비한 전쟁 중 하나는 서로 다른 종교를 **배척**하는 종교 전쟁이지.

요즘 이슬람 무장 세력들의 행동을 보면 그 잔인함에 놀랄 지경이야.

유의어 **배타, 배격**

20 실속 : 實– 열매 **실**

– 군더더기가 없는, 실지의 알맹이가 되는 내용.

피자는 가격은 엄청 비싼데, 막상 보면 **실속**이 없는 것 같아.

맞아. 빵에 햄이랑 토마토 얹고, 치즈 조금 뿌렸을 뿐인데, 가격이 3만 원도 넘더라고.

유의어 **내실, 실익**

LEVEL 1

STEP 1
STEP 2
STEP 3
STEP 4
STEP 5

3 아래 설명된 의미의 단어를 써 보세요.

의 미	단 어
1　부당한 이익. 한도를 넘는 이익.	
2　거듭하여 간곡히 하는 당부.	
3　돌보지 않고 그냥 내버려 둠.	
4　무슨 일을 더디게 끌어 시간을 늦춤.	
5　일 따위를 맡아서 능히 해냄.	
6　계획하거나 기대한 일이 실패하거나 어긋나 딱하게 됨.	
7　아무도 알아차리지 못하게 몰래 숨어 들어감.	
8　어떤 일에 관계하여 참여함.	
9　① 재빠르고 날래다. ② 매끈하게 맵시가 있다.	
10　마음이 너그럽고 큼.	
11　조금도 모자람이 없을 정도로 넉넉하여 만족함.	
12　가리어 막은 벽.	
13　① 흐트러진 것을 가지런히 바로잡다. ② 글 따위에서 중요한 점만을 골라 간략하게 정리하다.	
14　군더더기가 없는, 실지의 알맹이가 되는 내용.	
15　공정하지 못하고 어느 한쪽으로 치우침.	
16　겉으로만 착한 체함.	
17　기세가 몹시 사납고 세참.	
18　① 인정이나 싹싹한 맛이 없고 아주 쌀쌀맞다. ② 목소리가 높고 날카로우며 옹골차다.	
19　그 자리에서 바로 일어나는 감흥이나 기분에 따라 내키는 대로 하는 것.	
20　따돌리거나 거부하여 밀어 내침.	

정답 15개 이상 – 다음 단계 도전!

1 상자 안 단어의 의미에 대하여 생각해 보고, 이해하고 있는 수준에 따라 아래 표에 단어를 분류해 보세요.

☐ 연신   ☐ 응대   ☐ 장악   ☐ 찬미   ☐ 하소연하다

☐ 개입   ☐ 교묘   ☐ 노골적   ☐ 맹목적   ☐ 변고

☐ 압도적   ☐ 열광   ☐ 이국적   ☐ 전념   ☐ 찬사

☐ 하염없이   ☐ 개조   ☐ 구비   ☐ 노발대발   ☐ 모호

정확하게 의미를 알고 있는 단어	들어 본 적은 있으나 의미는 정확하지 않은 단어	전혀 의미를 모르는 처음 들어 보는 단어

2 각 단어를 구성하는 한자의 뜻, 단어의 사전적 정의를 이해하고, 대화를 통해 단어의 의미를 익혀 보세요.

1 연신

– 잇따라 자꾸.

> 또 유기견을 거두었다면서? 벌써 몇 번째야?

> 불쌍한 강아지가 **연신** 낑낑거리며 나를 따라오잖아. 그냥 지나칠 수 있어야지.

2 응대 : 應對 응할 응, 대할 대

– 부름이나 물음 또는 요구 따위에 응하여 상대함.

> 온라인 쇼핑몰의 가장 큰 문제는 불량 상품이 배송되었을 때 난감하다는 거야.

> 지난번에도 문제를 제기했더니, 상담원이 성의 없이 **응대**해서 너무 화가 났었어.

유의어 **대응, 응답**

3 장악 : 掌握 손바닥 장, 쥘 악

– 손 안에 잡아 쥔다는 뜻으로, 무엇을 마음대로 할 수 있게 됨을 이르는 말.

> 어제 축제에서 우리 반 아이들 공연 봤어? 완전 무대를 **장악**했어!

> 거의 아이돌 같던걸? 어디 오디션에라도 나가 봐야겠더라.

유의어 **파악, 총괄**

4 찬미 : 讚美 기릴 찬, 아름다울 미

– 아름답고 훌륭한 것이나 위대한 것 따위를 기리어 칭송함.

> 난 영원히 'EXO' 오빠들만을 **찬미**할 꺼야.

> 죽을 때까지 '제국의 아이들'만 사랑하겠다던 너의 맹세가 아직 귓가에 생생하다.

유의어 **예찬, 찬탄**

5 하소연하다

– 억울한 일이나 잘못된 일, 딱한 사정 따위를 간곡히 호소하다.

> 여동생이 먼저 시비를 걸어도 아빠한테 나만 혼나. 억울해도 **하소연**할 곳이 없어.

> 원래 여동생은 아빠와 한편이야. 엄마랑 동맹을 맺어 봐.

유의어 **애걸하다, 부르짖다**

43

6 개입 : 介入 낄 개, 들 입

– 자신과 직접적인 관계가 없는 일에 끼어듦.

내가 말할 때마다 희영이가 자꾸 끼어들어서 짜증 나.

희영이는 원래 여기저기 개입하는 거 좋아해. 오지랖이 넓어서 그래.

유의어 **간섭, 참견**

7 교묘 : 巧妙 공교할 교, 묘할 묘

– 솜씨나 재주 따위가 재치 있게 약삭빠르고 묘함.

희영이가 친구들 앞에서 내 칭찬을 시작하면 이상하게 점점 기분이 나빠져.

바보야, 칭찬하는 척하면서 교묘하게 창피를 주는 것이 희영이의 수법이라고.

8 노골적 : 露骨的 이슬 노(로), 뼈 골, 과녁 적

– 숨기지 않고 있는 그대로 드러낸 모양.

외국어 인증 시험이라도 받아 두면 입시에 도움이 될까?

아니야. 요즘에는 '자소서'에 외부 수상 경력을 노골적으로 쓰면 오히려 불리해.

9 맹목적 : 盲目的 소경 맹, 눈 목, 과녁 적

– 주관이나 원칙이 없이 덮어 놓고 행동함.

서울대 입학생들의 공부 수기대로 따라 하면 나도 서울대 갈 수 있을까?

자기 스타일을 찾아야지 남의 공부법을 맹목적으로 모방하다가는 실패할 확률이 높아.

유의어 **무조건, 무분별**

10 변고 : 變故 변할 변, 연고 고

– 갑작스러운 재앙이나 사고.

지수네 아빠가 변고를 당하셔서 지금 병원에 계신대. 뺑소니 교통사고를 당하셨다나 봐.

그래서 어저께 지수가 갑자기 조퇴를 했구나.

유의어 **이변, 변괴, 불상사, 재변, 탈**

11 압도적 : 壓倒的 누를 **압**, 넘어질 **도**, 과녁 **적**

– 보다 뛰어난 힘이나 재주로 남을 눌러 꼼짝 못하게 함.

이번 시즌에도 야구는 '삼성 라이온스'가 **압도적**으로 우승하겠지?

이번에는 제발 다른 팀들이 '삼성'을 견제해 주었으면 좋겠어.

12 열광 : 熱狂 더울 **열**, 미칠 **광**

– 너무 기쁘거나 흥분하여 미친 듯이 날뜀.

주말마다 야구장에 자주 가는 이유가 뭐야?

목이 터져라 **열광**하며 응원하고 나면 스트레스가 싹 풀려.

13 이국적 : 異國的 다를 **이(리)**, 나라 **국**, 과녁 **적**

– 자기 나라가 아닌 다른 나라의 특징인 것.

3반에 새로 전학 온 아이, 외국인이야?

외모가 **이국적**으로 생겨서 그렇지 고향은 논산이래.

14 전념 : 專念 오로지 **전**, 생각 **념**

– 오직 한 가지 일에만 마음을 씀.

중간고사는 다가오는데, 5월은 날씨가 너무 좋아서 공부에 **전념**하기 어려워.

며칠만 참아. 시험 끝나고 놀이공원 가자.

유의어 **전심, 전력, 골몰, 몰두, 열중**

15 찬사 : 讚辭 기릴 **찬**, 말씀 **사**

– 칭찬하거나 찬양하는 말이나 글.

정훈이가 영어 토론 대회에서 우승했다며? 외국에 한 번도 나가 본 적 없을 텐데.

독학으로 쌓은 실력이라고 교장 선생님께서 **찬사**를 아끼지 않으셨어.

16 하염없이

– ① 시름에 싸여 멍하니 이렇다 할 만한 아무 생각이 없이.
  ② 어떤 행동이나 심리 상태 따위가 자신의 의지와는 상관없이 계속되는 상태로.

이번 모의고사 성적표를 보니 **하염없이** 한숨만 나와.

정신 차려. 며칠 있으면 또 중간고사야.

17 개조 : 改造 고칠 개, 지을 조

– 고쳐 만들거나 바꿈.

🧑 다용도실을 **개조**해서 공부방을 만들어서 덕분에 이제 내 방이 생겼어.

🧑 동생과 한 방을 쓰면서 그토록 싸우더니 이제 좀 잠잠해지겠네?

유의어 **변경, 개편, 수리**

18 구비 : 具備 갖출 구, 갖출 비

– 있어야 할 것을 빠짐없이 다 갖춤.

👧 내 취미는 생활용품 가게를 구경하는 거야. 거기에는 이 세상의 모든 물건이 **구비**되어 있는 것 같아.

🧑 사야 할 물건이 있으면 그것만 얼른 사면 되지, 결국 살 것도 아니면서 왜 구경을 해?

유의어 **구색, 완비**

19 노발대발 : 怒發大發 성낼 노, 필 발, 클 대, 필 발

– 몹시 크게 성을 냄.

🧑 어제 학원 빼먹고 야구장 갔던 것을 엄마가 아셨어.

🧑 너희 엄마 완전 **노발대발**하시겠다.

유의어 **분노, 붉으락푸르락**

20 모호 : 摸糊 본뜰 모, 흐릿할 호

– 말이나 태도가 흐리터분하여 분명하지 않음.

🧑 민정이한테 고백했다더니 잘된 거야?

🧑 승락인지 거절인지 민정이의 태도가 **모호**해서 헷갈려.

유의어 **애매, 알쏭달쏭**

3 아래 설명된 의미의 단어를 써 보세요.

의 미	단 어
1 자기 나라가 아닌 다른 나라의 특징인 것.	
2 칭찬하거나 찬양하는 말이나 글.	
3 갑작스러운 재앙이나 사고.	
4 고쳐 만들거나 바꿈.	
5 너무 기쁘거나 흥분하여 미친 듯이 날뜀.	
6 잇따라 자꾸.	
7 몹시 크게 성을 냄.	
8 숨기지 않고 있는 그대로 드러낸 모양.	
9 자신과 직접적인 관계가 없는 일에 끼어듦.	
10 있어야 할 것을 빠짐없이 다 갖춤.	
11 보다 뛰어난 힘이나 재주로 남을 눌러 꼼짝 못하게 함.	
12 손 안에 잡아 쥔다는 뜻으로, 무엇을 마음대로 할 수 있게 됨을 이르는 말.	
13 말이나 태도가 흐리터분하여 분명하지 않음.	
14 솜씨나 재주 따위가 재치 있게 약삭빠르고 묘함.	
15 오직 한 가지 일에만 마음을 씀.	
16 아름답고 훌륭한 것이나 위대한 것 따위를 기리어 칭송함.	
17 주관이나 원칙이 없이 덮어놓고 행동함.	
18 부름이나 물음 또는 요구 따위에 응하여 상대함.	
19 ① 시름에 싸여 멍하니 이렇다 할 만한 아무 생각이 없이. ② 어떤 행동이나 심리 상태 따위가 자신의 의지와는 상관없이 계속되는 상태로.	
20 억울한 일이나 잘못된 일, 딱한 사정 따위를 간곡히 호소하다.	

🔲 정답 15개 이상 - 다음 단계 도전!

1 상자 안 단어의 의미에 대하여 생각해 보고, 이해하고 있는 수준에 따라
아래 표에 단어를 분류해 보세요.

☐ 부산하다 ☐ 약삭빠르다 ☐ 열악 ☐ 이바지 ☐ 절규

☐ 초래 ☐ 행실 ☐ 견해 ☐ 궁핍 ☐ 눈썰미

☐ 미숙 ☐ 빈번 ☐ 양해 ☐ 옹호 ☐ 익명성

☐ 정체 ☐ 최적 ☐ 호감 ☐ 결핍 ☐ 극대화

정확하게 의미를 알고 있는 단어	들어 본 적은 있으나 의미는 정확하지 않은 단어	전혀 의미를 모르는 처음 들어 보는 단어

2 각 단어를 구성하는 한자의 뜻, 단어의 사전적 정의를 이해하고,
대화를 통해 단어의 의미를 익혀 보세요.

1 부산하다

– 급하게 서두르거나 시끄럽게 떠들어 어수선하다.

소풍을 오면 반 아이들의 행동이 평소보다 너무 **부산스러워.**

선생님들도 소리 지르며 통제하시다가, 이제는 포기하신 것 같아.

유의어 **분주하다**

2 약삭빠르다

– 눈치가 빠르거나, 자기 잇속에 맞게 행동하는 데 재빠르다.

희영이는 너무 **약삭빠르게** 자기 이익만 생각해서 같은 모둠을 하기 싫어.

지난번에도 준비는 친구들이 다하고, 발표 때는 자기가 나서서 혼자 좋은 점수 받았잖아.

유의어 **기민하다, 민첩하다**

3 열악 : 劣惡 못할 열, 악할 악

– 품질이나 능력, 시설 따위가 매우 떨어지고 나쁨.

어제 콘서트 갔다 왔어?

오빠들 얼굴 본 것은 좋았지만, 공연장은 너무 **열악**했어.

4 이바지

– ① 도움이 되게 함. ② 물건들을 갖추어 바라지함.

나는 열심히 공부해서 세계 평화에 **이바지**하는 사람이 될 거야.

꿈이 정말 원대하구나. 그러기 위해서는 일단 기말고사 성적부터 신경 쓰렴.

유의어 **공헌, 봉사, 기여**

5 절규 : 絶叫 끊을 절, 부르짖을 규

– 있는 힘을 다하여 절절하고 애타게 부르짖음.

데이터 요금이 너무 많이 나와서, 엄마가 오빠의 스마트폰을 2G폰으로 바꿔 버렸어.

절규하는 너희 오빠 목소리가 들리는 것 같다.

6 초래 : 招來 부를 초, 올 래

– 어떤 결과를 가져오게 함.

🧑‍🦱 천재지변처럼 느껴지는 큰 사고들도 깊이 따져 보면 다 인재야.

🧑 맞아. 우리 사회에 만연한 안전 불감증이 종종 크나큰 사고들을 초래하곤 해.

7 행실 : 行實 다닐 행, 열매 실

– 실제로 드러나는 행동.

🧑 당분간 내 동생은 외출 금지야. 엄마께서 단단히 화나셨어.

🧑‍🦱 최근에 행실이 안 좋은 친구들과 어울렸다더니 드디어 걸렸구나.

유의어 **몸가짐, 품행, 소행**

8 견해 : 見解 볼 견, 풀 해

– 어떤 사물이나 현상에 대한 자기의 의견이나 생각.

🧑 논술 시험은 객관적으로 점수를 주기가 어려울 것 같은데?

🧑‍🦱 출제자와 채점자가 문제를 해석하는 견해 차이를 얼마나 줄이느냐가 관건이야.

유의어 **소견, 의향, 소신**

9 궁핍 : 窮乏 다할 궁, 모자랄 핍

– 몹시 가난하고 궁함.

👧 우리 아빠는 지독한 구두쇠야. 우리 집에서는 이면지 한 장도 그냥 못 버려.

👩 예전에는 모두가 궁핍했기에 절약이 습관이 된 어른들이 많아. 우리 엄마도 심해.

유의어 **결핍, 도탄, 결여**

10 눈썰미

– 한두 번 보고 곧 그대로 해내는 재주.

👧 민선이는 눈썰미가 좋은 것 같아! 아이돌 댄스도 한번 보면 똑같이 따라 해.

👩 손재주도 좋아. 가정 시간에 민선이가 만든 블라우스는 가게에서 파는 것 같았어.

유의어 **총기**

11 **미숙** : 未熟 아닐 미, 익을 숙

– 일 따위에 익숙하지 못하여 서투름.

🧑 수행평가 조별 발표 PPT로 작성해야 하는데, 누가 대표로 만들 거야?

🧑 나는 열심히 자료를 조사해 올게. PPT 작성에 **미숙**해서 전혀 도움이 안 될 거야.

12 **빈번** : 頻繁 자주 빈, 번성할 번

– 일이 매우 잦음. 도수가 번거로울 정도로 잦고 복잡함.

🧑 요즘에는 공부를 하는 것보다, 대학 입시 제도를 이해하는 것이 더 어려워.

🧑 제도가 너무 **빈번**하게 바뀌어서, 나는 뭐가 뭔지 하나도 모르겠어.

유의어 **다발**

13 **양해** : 諒解 믿을 양, 풀 해

– 남의 사정을 잘 헤아려 너그러이 받아들임.

👧 국사 선생님께서 급한 일이 생겼다며 10분만 수업을 일찍 끝내자고 **양해**를 구하셨어.

👧 그런 배려라면 우리 반에서도 얼마든지 해 드릴 수 있는데…….

유의어 **용납, 이해**

14 **옹호** : 擁護 낄 옹, 도울 호

– 두둔하고 편들어 지킴.

🧑 1920년대 우리 문학의 특징을 한마디로 요약해 봐.

🧑 순수문학을 **옹호**하는 일파와 참여문학을 **옹호**하는 일파로 나뉘어 대립했지.

유의어 **변호, 수호**

15 **익명성** : 匿名性 숨길 익(닉), 이름 명, 성품 성

– 자신의 본이름을 숨기는 특성.

🧑 학교 폭력 실태를 조사한다면서 제보자 이름을 공개하다니, 정말 어리석은 방침이야.

🧑 **익명성**을 보장해 주어야 안심하고 신고할 수 있을 텐데.

16 정체 : 停滯 머무를 정, 막힐 체

– 사물이 발전하거나 나아가지 못하고 한자리에 머물러 그침.

🧑‍🦰 한동안 다이어트에 열을 올리더니 요즘은 잠잠하네? 포기했어?

🧑‍🦰 처음에는 살이 막 빠지더니 요즘은 **정체**되어 있어. 힘만 들고, 재미가 없어.

유의어 **침체**

17 최적 : 最適 가장 최, 맞을 적

– 가장 적당하거나 적합함.

🧑 너희 부모님은 여행 가시는데, 너는 안 따라갔구나.

🧑 시험은 끝났고, 부모님은 집에 안 계시고, 게임 레벨을 올리기에 **최적**의 조건이라고.

18 호감 : 好感 좋을 호, 느낄 감

– 좋은 감정.

🧑 너희 반 전학생 때문에 전교 여학생들이 모두 술렁이고 있어.

🧑 잘생겼지, 키 크지, 운동도 잘한대. 모든 여자애들이 **호감**을 느끼고 있어. 완전 밉상이야.

유의어 **환심**

19 결핍 : 缺乏 이지러질 결, 모자랄 핍

– 있어야 할 것이 없어지거나 모자람.

🧑 점심 시간마다 햇볕에 왜 나와 앉아 있어? 광합성 해?

🧑 종일 교실에서 웅크리고 앉아 있으니, 비타민D가 **결핍**되어 점점 등이 굽어 가는 느낌이야.

유의어 **결여, 궁핍, 부족**

20 극대화 : 極大化 극진할 극, 클 대, 될 화

– 아주 커짐. 아주 크게 함.

🧑‍🦰 머리를 단발로 잘랐네!

🧑‍🦰 연예인을 따라 했는데, 내 얼굴형의 단점만 **극대화**되어 버렸어.

3 아래 설명된 의미의 단어를 써 보세요.

의 미	단 어
1 자신의 본이름을 숨기는 특성.	
2 남의 사정을 잘 헤아려 너그러이 받아들임.	
3 가장 적당하거나 적합함.	
4 일이 매우 잦음. 도수가 번거로울 정도로 잦고 복잡함.	
5 몹시 가난하고 궁함.	
6 사물이 발전하거나 나아가지 못하고 한자리에 머물러 그침.	
7 아주 커짐. 아주 크게 함.	
8 실제로 드러나는 행동.	
9 있어야 할 것이 없어지거나 모자람.	
10 있는 힘을 다하여 절절하고 애타게 부르짖음.	
11 품질이나 능력, 시설 따위가 매우 떨어지고 나쁨.	
12 한두 번 보고 곧 그대로 해내는 재주.	
13 일 따위에 익숙하지 못하여 서투름.	
14 눈치가 빠르거나, 자기 잇속에 맞게 행동하는 데 재빠르다.	
15 어떤 사물이나 현상에 대한 자기의 의견이나 생각.	
16 좋은 감정.	
17 어떤 결과를 가져오게 함.	
18 ① 도움이 되게 함. ② 물건들을 갖추어 바라지함.	
19 두둔하고 편들어 지킴.	
20 급하게 서두르거나 시끄럽게 떠들어 어수선하다.	

😊 정답 15개 이상 - 다음 단계 도전!

1 상자 안 단어의 의미에 대하여 생각해 보고, 이해하고 있는 수준에 따라
아래 표에 단어를 분류해 보세요.

☐ 느닷없이　　☐ 미흡　　　☐ 사이비　　☐ 억압　　　☐ 왕성

☐ 인접　　　　☐ 조롱　　　☐ 추종　　　☐ 획기적　　☐ 경청

☐ 긍지　　　　☐ 단호　　　☐ 민첩　　　☐ 수긍　　　☐ 엄포

☐ 왜소　　　　☐ 자태　　　☐ 조성　　　☐ 치열　　　☐ 횡포

정확하게 의미를 알고 있는 단어	들어 본 적은 있으나 의미는 정확하지 않은 단어	전혀 의미를 모르는 처음 들어 보는 단어

2 각 단어를 구성하는 한자의 뜻, 단어의 사전적 정의를 이해하고, 대화를 통해 단어의 의미를 익혀 보세요.

1 느닷없이

– 나타나는 모양이 아주 뜻밖이고 갑작스럽게.

🧑 이번 수학여행에도 맥주 몇 캔 정도는 몰래 가져가야겠지?

🧑 포기해. 작년에도 숙소에 도착하자마자 선생님이 **느닷없이** 가방을 검사해서 다 압수하셨대.

유의어 **갑자기, 별안간, 홀연, 불현듯**

2 미흡 : 未洽 아닐 미, 흡족할 흡

– 아직 흡족하지 못하거나 만족스럽지 않음.

👧 생일 축하해. **미흡**하지만 내 마음을 담아 십자수 쿠션을 준비했어.

👧 (이렇게 쓸모 없고 부담스럽기만 한 선물을 줘서) 우와! 고마워.

3 사이비 : 似而非 닮을 사, 말 이을 이, 아닐 비

– 겉으로 보기에는 비슷한 듯하지만 근본적으로는 아주 다른 것.

🧑 교문 앞에서 이상한 아줌마가 도를 아느냐며 나를 잡았어.

🧑 **사이비** 종교야. 지난번에 나는 괜히 따라갔다가 만 원 내고 액땜용 제사도 지냈어.

유의어 **가짜**

4 억압 : 抑壓 누를 억, 누를 압

– 자기의 뜻대로 자유로이 행동하지 못하도록 억지로 억누름.

🧑 나도 내 생각이 있는데, 우리 아빠는 미성년자라는 이유로 내 행동을 **억압**해.

🧑 내가 너희 아빠라도 너처럼 천방지축 날뛰는 아들은 **억압**하겠다.

유의어 **강압, 구속, 압제, 탄압, 고압, 위압, 제압**

5 왕성 : 旺盛 왕성할 왕, 성할 성

– 한창 성함. 매우 활발함.

🧑 1학년들은 쉬는 시간마다 왜 저렇게 열심히 농구를 하는 걸까?

🧑 한창 혈기가 **왕성**한 시기잖아. 나도 1학년 때는 저랬는데, 한 해가 달라.

유의어 **번창, 흥성, 융성**

6 **인접** : 隣接 이웃 인(린), 이을 접

– 서로 가까이 있거나 경계가 붙어 있음.

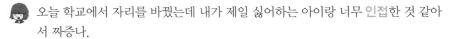

오늘 학교에서 자리를 바꿨는데 내가 제일 싫어하는 아이랑 너무 **인접**한 것 같아서 짜증나.

그럼 내일 담임 선생님께 자리가 마음에 안 든다고 한번 말씀 드려 봐.

유의어 **이웃, 근접,**

7 **조롱** : 嘲弄 비웃을 조, 희롱할 롱

– 우습거나 형편없는 존재로 여겨 비웃고 놀리는 것.

한 여름에 웬 털옷이야? 어디 아파?

안 그래도 친구들한테 엄청나게 **조롱** 당했어. 아이들이 진짜 패션을 몰라.

유의어 **우롱, 야유**

8 **추종** : 追從 쫓을 추, 좇을 종

– 남의 뒤를 따라서 좇음. 권력이나 권세를 가진 사람이나 자신이 동의하는 학설 따위를 별 판단 없이 믿고 따름.

요즘 실종됐다던 김군은 어떻게 됐대?

실종된 김군은 IS를 **추종**하고 있었대. 거기서 훈련받고 있다는 소문이 있어.

9 **획기적** : 劃期的 그을 획, 기약할 기, 과녁 적

– 어떤 과정이나 분야에서 전혀 새로운 시기를 열어 놓을 만큼 뚜렷이 구분되는.

인류가 만든 발명품 중에 컴퓨터가 가장 **획기적**인 것 같지 않니?

게임 할 수 있어서?

10 **경청** : 傾聽 기울 경, 들을 청

– 남의 말을 귀 기울여 주의 깊게 들음.

평소에 그렇게 떠들던 아이들이 이번 특강에는 다들 조용히 **경청**하더라.

졸업한 선배가 한류 스타가 되어 강연을 하는데 어떻게 떠들 수 있겠어.

11 긍지 : 矜持 자랑할 긍, 가질 지

- 자신의 능력을 믿음으로써 가지는 당당함.

우리 아버지는 평생을 경찰이라는 긍지를 지닌 채 일하셨어.

네가 그렇게 바른 생활 사나이인 것이 이유가 있었구나.

유의어 **자부심**

12 단호 : 斷乎 끊을 단, 어조사 호

- 결심이나 태도, 입장 따위가 과단성 있고 엄격함.

다음 주 토요일에 무슨 일 있어? 네가 너무 단호하게 반대해서 그날 모임은 깨졌어.

'인피니트' 콘서트 날이야. 하늘이 무너져도 그날은 안 돼!

13 민첩 : 敏捷 민첩할 민, 빠를 첩

- 재빠르고 날램.

너는 네 여동생보다 진돌이를 더 사랑하는 것 같아.

우리 진돌이는 민첩하고 영리한 진돗개야. 진돌이도 내 동생이라고.

유의어 **기민**

14 수긍 : 首肯 머리 수, 즐길 긍

- 다른 사람의 주장이나 언행이 옳다고 인정함.

엄마 말을 들으면 머리로는 수긍이 가는데, 마음으로 받아들이기가 무조건 싫어.

어차피 말싸움으로 엄마를 이길 수는 없어. 다 옳은 말씀만 하시거든.

유의어 **납득, 시인**

15 엄포

- 실속 없이 호령이나 위협으로 으르는 짓.

담임 선생님이 다음 모의고사부터 모든 학생의 성적을 공개하겠다고 엄포를 놓으셨어.

그거 개인정보 보호법에 위반되는 것 아냐? 나 정식으로 문제를 제기하겠어.

16 왜소 : 矮小 키 작을 왜, 작을 소

– 몸뚱이가 작고 초라함.

> 진경이가 '국제 청소년 콩쿠르'에서 성악 부문 우승을 했대.

> 그 왜소한 몸집에서 어떻게 그렇게 우렁찬 소리가 나오는지 정말 놀라워.

17 자태 : 姿態 모양 자, 모습 태

– 어떤 대상의 모습이나 모양.

> 왜 자꾸 쳐다봐? 내 아름다운 자태에 홀딱 반하기라도 한 거야?

> 아니, 그게 아니라 너 종아리 뒤쪽 스타킹에 크게 구멍이 났어.

유의어 맵시, 용모, 매무새

18 조성 : 造成 지을 조, 이룰 성

– 어떤 시설이나 자금 따위를 만들어서 이룸.

> 요즘 반장이 지나치게 엄격하지 않니? 이것저것 잔소리도 많고.

> 담임 선생님이 자습 시간에 면학 분위기를 조성하라는 특명을 내리셨대.

19 치열 : 熾烈 성할 치, 세찰 열

– 기세나 세력 따위가 불길같이 맹렬함.

> 학생회장 선거가 대통령 선거보다 더 치열한 것 같아. 왜 그렇게 목숨을 거는 거지?

> 학생회 리더 활동 경험을 살려서 지원할 수 있는 대학 전형이 있다는 것 같아.

20 횡포 : 橫暴 가로 횡, 사나울 포

– 제멋대로 굴며 몹시 난폭함.

> 일진 아이들이 예전보다 더 심하게 횡포를 부리고 있어. 지난달에도 한 명 전학 갔어.

> 학교에서 우리를 보호해 주면 좋겠는데.

LEVEL 1

STEP 1
STEP 2
STEP 3
STEP 4
STEP 5

3 아래 설명된 의미의 단어를 써 보세요.

의 미	단 어
1 실속 없이 호령이나 위협으로 으르는 짓.	
2 우습거나 형편없는 존재로 여겨 비웃고 놀리는 것.	
3 자신의 능력을 믿음으로써 가지는 당당함.	
4 아직 흡족하지 못하거나 만족스럽지 않음.	
5 어떤 과정이나 분야에서 전혀 새로운 시기를 열어 놓을 만큼 뚜렷이 구분되는.	
6 서로 가까이 있거나 경계가 붙어 있음.	
7 겉으로 보기에는 비슷한 듯하지만 근본적으로는 아주 다른 것.	
8 재빠르고 날램.	
9 나타나는 모양이 아주 뜻밖이고 갑작스럽게.	
10 남의 뒤를 따라서 좇음. 권력이나 권세를 가진 사람이나 자신이 동의 하는 학설 따위를 별 판단 없이 믿고 따름.	
11 자기의 뜻대로 자유로이 행동하지 못하도록 억지로 억누름.	
12 어떤 대상의 모습이나 모양.	
13 몸뚱이가 작고 초라함.	
14 한창 성함. 매우 활발함.	
15 제멋대로 굴며 몹시 난폭함.	
16 남의 말을 귀 기울여 주의 깊게 들음.	
17 기세나 세력 따위가 불길같이 맹렬함.	
18 결심이나 태도, 입장 따위가 과단성 있고 엄격함.	
19 다른 사람의 주장이나 언행이 옳다고 인정함.	
20 어떤 시설이나 자금 따위를 만들어서 이룸.	

🖥 정답 15개 이상 – 다음 단계 도전!

1   다음 뜻에 알맞은 단어를 서로 연결하시오.

① 도약   실제로 드러나는 행동.

② 연마   어떤 결과를 가져오게 함.

③ 맹목적   주관이나 원칙이 없이 덮어 놓고 행동함.

④ 초래   더 높은 단계로 발전함을 비유적으로 이르는 말.

⑤ 행실   학문이나 기술 따위를 힘써 배우고 닦음.

2   제시된 초성을 참고하여 단어의 뜻풀이를 완성하시오.

① 과민 – 감각이나 감정이 지나치게 (ㅇㅁ)함.

② 편파적 – 공정하지 못하고 어느 한쪽으로 (ㅊㅇㅊ).

③ 익명성 – 자신의 (ㅇㄹ)을 숨기는 특성.

④ 둔화 – 변하거나 움직이는 속도가 (ㄴㄹㄱ) 무디게 됨.

3   단어의 정의를 생각하며 다음 한자의 의미를 쓰시오.

① 잠입 : 潛(   ) 入(   ) – 아무도 알아차리지 못하게 몰래 숨어 들어감.

② 위선 : 僞(   ) 善(   ) – 겉으로만 착한 체함.

③ 인접 : 隣(   ) 接(   ) – 서로 가까이 있거나 경계가 붙어 있음.

60

4 다음의 글자들을 조합하여 뜻풀이에 알맞은 어휘를 쓰시오.

관	미	흡	연	구	신	무	재	조	롱	단	지
준	수	정	장	비	수	사	횡	포	해	애	연

① (   ) – 제멋대로 굴며 몹시 난폭함.

② (   ) – 우습거나 형편없는 존재로 여겨 비웃고 놀리는 것.

③ (   ) – 아직 흡족하지 못하거나 만족스럽지 않음.

④ (   ) – 있어야 할 것을 빠짐없이 다 갖춤.

⑤ (   ) – 무슨 일을 더디게 끌어 시간을 늦춤.

5 예시문의 (   )에 들어갈 알맞은 말을 〈보기〉에서 찾아 쓰시오.

옹호	교묘	개입	열악	경청

① 결국 자국의 힘으로 내전이 종식되지 않자 외국의 군대가 (   )했다.

② 마술사의 (   )한 손놀림에 모든 관객이 속을 수밖에 없었다.

③ 그 목사는 미국에서 흑인 노동자들의 권익을 (   )하는 데 평생을 바쳤다.

④ 그의 강의는 학생들을 (   )하게 만드는 강한 매력이 있었다.

⑤ 전기불도 들어오지 않는 (   )한 환경 속에서 아프리카 어린이들은 열심히 공부했다.

📝 아래 단어의 의미를 이해하고 짧은 글짓기를 해 보시오.

1	각별	
2	도약	
3	우롱	
4	후환	
5	과민	
6	둔화	
7	난감	
8	울적	
9	즉흥적	
10	관대	
11	매몰차다	
12	지연	
13	낭패	
14	배척	
15	흡족	
16	실속	
17	장악	
18	하소연하다	

19	노골적	
20	개입	
21	전념	
22	찬사	
23	구비	
24	모호	
25	부산하다	
26	열악	
27	초래	
28	궁핍	
29	빈번	
30	옹호	
31	최적	
32	결핍	
33	미흡	
34	사이비	
35	인접	
36	추종	
37	수긍	
38	엄포	
39	왜소	
40	횡포	

국어 사전은 어휘 공부의 힘!

최다훈 서울대 사범대학, 14학번

1.
최상위권을
위해서
국어 어휘 실력이
중요한 이유는
무엇일까요?

대부분의 학생들은 중학교 때까지 국어 어휘의 중요성을 크게 느끼지 못해요. 그 이유는 크게 두 가지인데, **첫 번째는 국어 시험의 범위가 제한되어 있기 때문이죠.** 학생들은 교과서 안에 있는 몇몇 중요하거나 모르는 어휘만 체크하고 넘어가고, 그 수가 얼마 되지 않기 때문에 어휘가 별로 어렵다고 생각하지 않아요. **두 번째는 우리가 한국인으로서 국어를 항상 모국어로 접하고 있기 때문이죠.** 그래서 학생들은 국어 어휘 공부를 소홀히 하게 됩니다.

하지만 한계는 고등학교에 가면서 여지없이 드러나게 된다니까요. 어렸을 적부터 책을 많이 읽거나, 선천적으로 언어 능력이 탁월한 학생은 별다른 노력 없이도 일정 수준까지는 쉽게 도달할 수 있어요. 하지만 '최상위권'이 되기 위해서는 마지막 관문인 어휘를 꼭 잡아야 합니다.

제가 어휘 공부의 중요성을 느끼게 된 것은 고등학교 국어 모의고사를 몇 번 치고 난 후였어요. 직접적으로 관계되어 있는 문법 문제를 비롯해서 소설이나 시 속의 간접적인 영역에 이르기까지……, 이 모든 문제를 합하니 모의고사 내에서 모르는 어휘가 상당하더군요. 그때부터 세 가지 방법으로 어휘를 공부했어요. **첫째, 사설 모의고사나 국가 수준의 모의고사를 칠 때마다 모르는 어휘를 찾아서 오답노트를 만들었어요. 둘째,**
사전을 찾으면서 그 어휘의 뜻은 물론 유의어 및 반의어까지 주의 깊게 살폈어요. 셋째, 고등학교 영역에서 어휘를 시험에 내기 위해서는 문법과 연결시킬 수밖에 없어요. 그래서 어법을 다루는 참고서를 통해 문법을 따로 공부했어요.

2.
국어
어휘 공부를
어떻게
했나요?

3.
자기주도학습을 위해서
어휘력이 중요한
이유는 무엇일까요?

자기주도학습이란 말 그대로 학습자 스스로가 공부의 필요성을 깨닫고 실천하는 거죠. 이를 위해서는 확고한 목표 의식을 비롯한 여러 가지 조건이 필요하지만, 무엇보다도 공부에 있어 흥미를 느끼는 것이 중요해요. 한마디로 공부가 재미있어야 하는 거죠. 특히 어휘력이 좋다는 말은 곧 독해력이 좋다는 말과 일맥상통합니다. 기본적인 독해력이 바탕이 된다면 공부 능률이 올라가 계속 발전할 수 있어요.

사람들에게는 누구나 할 것 없이 공평하게 하루 24시간이 주어지죠. 일단 어휘력이 뒷받침되면 공부에 있어 가장 중요한 요소 중 하나인 '이해의 과정'이 빨라집니다. 어휘력이 풍부하면 지식이나 내용 이해가 빨라지고, 모르는 어휘를 사전으로 찾아보는 시간도 줄어들죠. 이러한 효율성 차원에서 국어 어휘 실력과 성적은 깊은 상관관계를 갖고 있어요.

4.
국어 어휘
실력과 성적의
상관관계는
어떠한가요?

5.
국어 어휘 공부의
어려운 점은
무엇일까요?

학생들이 국어 어휘 공부의 필요성을 인식하는 시기가 너무 늦다는 것이 문제입니다. 타고난 언어 실력이 높은 학생일수록 어휘의 한계를 늦게 느끼게 됩니다. 그런데 그때는 어휘 공부 말고도 해야 할 공부가 정말 많기 때문에 공부에 부담감을 느끼게 되죠. 그래서 미리 어휘 공부의 중요성을 깨닫는 것이 중요합니다.

LEVEL
2

STEP 1

STEP 2

STEP 3

STEP 4

STEP 5

1 상자 안 단어의 의미에 대하여 생각해 보고, 이해하고 있는 수준에 따라
아래 표에 단어를 분류해 보세요.

☐ 간곡   ☐ 능통   ☐ 몰두   ☐ 새삼스럽다   ☐ 식별

☐ 오한   ☐ 유희   ☐ 자초지종   ☐ 진부   ☐ 포용

☐ 후하다   ☐ 간헐적   ☐ 금단   ☐ 담소   ☐ 방관

☐ 선호   ☐ 실언   ☐ 완화   ☐ 으름장   ☐ 장엄

정확하게 의미를 알고 있는 단어	들어 본 적은 있으나 의미는 정확하지 않은 단어	전혀 의미를 모르는 처음 들어 보는 단어

2 각 단어를 구성하는 한자의 뜻, 단어의 사전적 정의를 이해하고,
대화를 통해 단어의 의미를 익혀 보세요.

1 간곡 : 懇曲 간절할 간, 굽을 곡

– 태도나 자세 따위가 간절하고 정성스러움.

> 희영이가 하도 **간곡**하게 부탁해서 노트를 빌려주기는 했는데 왠지 후회돼.

> 시험이 모레인데 지금 노트를 빌려주면 어떡해? 거절 못하는 것도 병이야.

2 능통 : 能通 능할 능, 통할 통

– 사물의 이치에 훤히 통달함.

> 정훈이는 모든 과목에 **능통**한 것 같아. 취약과목이 없어.

> 전교 1등에게 취약과목이 있을 리가 없지.

유의어 **능란, 정통**

3 몰두 : 沒頭 빠질 몰, 머리 두

– 어떤 일에 온 정신을 다 기울여 열중함.

> 게임에 **몰두**해서 시간 가는 줄 몰랐어. 정신 차리고 나니 새벽이더라고.

> 나처럼 휴대폰, 컴퓨터 다 압수당하기 전에 어서 게임 끊어.

유의어 **열중, 골몰**

4 새삼스럽다

– ① 이미 알고 있는 사실에 대하여 느껴지는 감정이 갑자기 새로운 데가 있다.
　② 하지 않던 일을 이제 와서 하는 것이 보기에 두드러진 데가 있다.

> 모든 스트레스를 먹는 것으로 푸는 네가 **새삼스럽게** 무슨 다이어트야?

> 남아 있는 모든 인생을 이런 모습으로 살 수는 없잖아. 결심했어.

5 식별 : 識別 알 식, 나눌 별

– 성질이나 종류 따위를 알아서 구별함.

> 애완동물을 기르는 사람들은 비슷한 동물들 사이에서 자기 동물을 잘 **식별**하더라.

> 당연하지. 난 우리 집 금붕어를 연못에 풀어놓아도 골라낼 수 있을 것 같아.

유의어 **변별, 감정, 판별**

6 **오한** : 惡寒 미워할 오, 찰 한

– 몸에 열이 나면서 오슬오슬 춥고 떨리는 증상.

🧑 너 어디 아픈 것 같다. 왜 이렇게 얼굴이 창백해?

🧑 감기 걸리려나 봐. 몸이 떨리고 **오한**이 들어. 그냥 조퇴할까?

7 **유희** : 遊戲 놀 유, 놀이 희

– 즐겁게 놀며 장난함.

🧑 바나나를 먹으면 내게 반하나? 자두를 먹으면 자두 되나?

🧑 요즘 언어**유희** 개그에 꽂혔냐? 우리는 사이다를 먹던 사이다.

유의어 **오락, 유흥**

8 **자초지종** : 自初至終 부터 자, 처음 초, 이를 지, 마칠 종

– 처음부터 끝까지의 과정.

🧑 미정이랑 절교했다고 소문이 파다하더라. 어떻게 된 건지 **자초지종**을 말해 봐.

🧑 미정이가 넘지 말아야 할 선을 넘었어. 당분간은 만나고 싶지 않아.

유의어 **사연**

9 **진부** : 陳腐 베풀 진, 썩을 부

– 사상, 표현, 행동 따위가 낡아서 새롭지 못함.

🧑 신간 추리소설인데, 내용이 너무 **진부**해. 절반만 읽어도 결론을 예상하겠다니까.

🧑 결론을 들키면 재미없지. 추리소설은 반전이 생명인데.

유의어 **구태의연**

10 **포용** : 包容 쌀 포, 얼굴 용

– 남을 너그럽게 감싸 주거나 받아들임.

🧑 사탐 지문에 나온 프랑스의 '똘레랑스' 문화란 어떤 거야?

🧑 다른 사람의 생각, 종교, 신념 등을 서로 **포용**하는 사고방식을 말하는 거야.

유의어 **관용, 용납**

LEVEL 2

STEP 1
STEP 2
STEP 3
STEP 4
STEP 5

11 후하다 : 厚－－ 두터울 후

– 마음 씀씀이나 태도가 너그럽다.

> 학교 앞에 분식집에 세 곳이지만, 나는 미미분식 단골이야.

> 거기 아줌마가 제일 손이 **후해**. 다른 아이들도 거기를 많이 갈걸?

유의어 **넉넉하다, 많다**

12 간헐적 : 間歇的 사이 간, 쉴 헐, 과녁 적

– 어떤 일이 어느 정도의 시간 간격을 두고 되풀이하여 일어나는 것.

> 요즘은 **간헐적** 단식이 유행인가 봐. 우리 반에도 몇 명이 실천하고 있다더라.

> 간헐적 단식도 그렇지만, **간헐적** 운동도 인기야.

유의어 **주기적**

13 금단 : 禁斷 금할 금, 끊을 단

– 어떤 행위를 못 하도록 금함.

> 남자에게 **금단**의 지역인 여대에 남학생이 입학할 수 있다는 사실을 아니?

> 극소수의 특수 전공자에게만 예외적으로 허용된다더라.

유의어 **금기**

14 담소 : 談笑 말씀 담, 웃음 소

– 웃고 즐기면서 이야기함.

> 나 어젯밤에 '인피니트' 성규와 **담소**를 나누는 꿈을 꿨어!

> 꿈에서 깨기 싫었겠구나.

유의어 **한담, 잡담**

15 방관 : 傍觀 곁 방, 볼 관

– 어떤 일에 직접 나서서 관여하지 않고 곁에서 보기만 함.

> 5반 희영이가 왕따 문제로 결국 전학을 가게 되었어.

> 직접적으로 괴롭히지 않았지만 사태를 **방관**했던 아이들도 사실 다 반성해야 해.

유의어 **방치, 수수방관, 좌시**

16 선호 : 選好 가릴 선, 좋아할 호

– 여럿 가운데서 특별히 가려서 좋아함.

🧒 여학생들 사이에서 명품 지갑이 유행이야.

👧 몇 년 전 남학생들이 비싼 아웃도어 잠바를 선호했던 것과 비슷한 사치 풍조구나.

유의어 **기호**

17 실언 : 失言 잃을 실, 말씀 언

– 실수로 잘못 말함.

🧒 연예인들은 각별히 말조심해야 할 것 같아.

👧 잘 나가던 연예인들도 실언 한 번에 영원히 매장되기도 하니 말이야.

유의어 **망발**

18 완화 : 緩和 느릴 완, 화할 화

– ① 긴장된 상태나 급박한 것을 느슨하게 함. ② 병의 증상이 줄어들거나 누그러지다.

👦 너 꽃가루 알레르기 심했잖아. 올해는 좀 괜찮아 보인다?

👦 엄마가 한약을 지어 주셨는데, 증상이 점점 완화되고 있는 것 같아.

유의어 **유화, 해이**

19 으름장

– 말과 행동으로 위협하는 짓.

👦 경비 아저씨께서 뭐라고 하셨어?

👦 남자아이들에게 주차장에서 축구하지 말라고 으름장을 놓으셨어.

유의어 **협박**

20 장엄 莊嚴 씩씩할 장, 엄할 엄

– 씩씩하고 웅장하며 위엄 있고 엄숙함.

👦 어제 〈인터스텔라〉 봤다며? 어땠어?

👦 재미있었어. 너도 꼭 봐. 장엄한 우주의 모습이 나오는데 완전 최고였어.

3 아래 설명된 의미의 단어를 써 보세요.

의 미	단 어
1 사상, 표현, 행동 따위가 낡아서 새롭지 못함.	
2 남을 너그럽게 감싸 주거나 받아들임.	
3 성질이나 종류 따위를 알아서 구별함.	
4 즐겁게 놀며 장난함.	
5 어떤 일에 온 정신을 다 기울여 열중함.	
6 어떤 일에 직접 나서서 관여하지 않고 곁에서 보기만 함.	
7 처음부터 끝까지의 과정.	
8 사물의 이치에 훤히 통달함.	
9 몸에 열이 나면서 오슬오슬 춥고 떨리는 증상.	
10 ① 이미 알고 있는 사실에 대하여 느껴지는 감정이 갑자기 새로운 데가 있다. ② 하지 않던 일을 이제 와서 하는 것이 보기에 두드러진 데가 있다.	
11 말과 행동으로 위협하는 짓.	
12 마음 씀씀이나 태도가 너그럽다.	
13 태도나 자세 따위가 간절하고 정성스러움.	
14 웃고 즐기면서 이야기함.	
15 여럿 가운데서 특별히 가려서 좋아함.	
16 어떤 일이 어느 정도의 시간 간격을 두고 되풀이하여 일어나는 것.	
17 씩씩하고 웅장하며 위엄 있고 엄숙함.	
18 어떤 행위를 못 하도록 금함.	
19 ① 긴장된 상태나 급박한 것을 느슨하게 함. ② 병의 증상이 줄어들거나 누그러지다.	
20 실수로 잘못 말함.	

🔲 정답 15개 이상 – 다음 단계 도전!

1 상자 안 단어의 의미에 대하여 생각해 보고, 이해하고 있는 수준에 따라
아래 표에 단어를 분류해 보세요.

☐ 척도   ☐ 피차   ☐ 강경   ☐ 기강   ☐ 대관절

☐ 배타   ☐ 소외   ☐ 심란   ☐ 왜곡   ☐ 응시

☐ 재촉   ☐ 청승맞다   ☐ 허탕   ☐ 결여   ☐ 기만

☐ 대동   ☐ 보완   ☐ 소위   ☐ 애도   ☐ 외곽

정확하게 의미를 알고 있는 단어	들어 본 적은 있으나 의미는 정확하지 않은 단어	전혀 의미를 모르는 처음 들어 보는 단어

2 각 단어를 구성하는 한자의 뜻, 단어의 사전적 정의를 이해하고,
대화를 통해 단어의 의미를 익혀 보세요.

1 척도 : 尺度 자 척, 법도 도

– 평가하거나 측정할 때 의거할 기준.

여자애들은 어떤 연예인을 좋아하는지를 **척도**로 친구를 사귄다던데, 그게 말이 되냐?

나도 그러고 싶지는 않은데, 관심사가 다르면 서로 친해지기가 어렵더라고.

유의어 **규준, 기준, 표준**

2 피차 : 彼此 저 피, 이 차

– 저것과 이것을 아울러 이르는 말.

피차 조금씩 잘못한 것은 사실인데 이제 그만 화해하자.

그러자. 쓸데없이 너와 기 싸움을 하자니 피곤해 죽겠다.

유의어 **양쪽, 상호, 서로**

3 강경 : 強硬 강할 강, 굳을 경

– 굳세게 버티어 굽히지 않음.

기획사 오디션 준비하던 것은 어떻게 되어 가고 있어?

부모님이 워낙 **강경**하게 반대하고 계셔서 아무래도 포기해야 할 것 같아.

4 기강 : 紀綱 벼리 기, 벼리 강

– 규율과 법도를 아울러 이르는 말.

요즘 동아리 모임에 1학년들이 자주 지각을 하고 있어.

요즘 애들은 너무 버릇 없어. **기강**을 다시 잡아야겠어.

5 대관절 : 大關節 클 대, 관계할 관, 마디 절

– (주로 의문을 나타내는 말과 쓰여) 여러 말 할 것 없이 요점만 말하건대.

대관절 내가 뭘 그렇게 크게 잘못했다고 선생님이 그토록 화를 내신 걸까?

내가 볼 때 너의 행동이 아니라, 너의 말투와 태도가 불손한 것이 문제였어.

유의어 **도대체**

75

6 배타 : 排他 밀칠 배, 다를 타

– 남을 배척함.

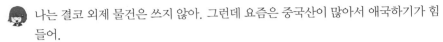

나는 결코 외제 물건은 쓰지 않아. 그런데 요즘은 중국산이 많아서 애국하기가 힘들어.

너는 외제 상품을 무조건 **배타**하는 것이 애국의 길이라고 착각하고 있어.

유의어 **배제**

7 소외 : 疏外 소통할 소, 바깥 외

– 어떤 무리에서 기피하여 따돌리거나 멀리함.

언니랑 엄마랑 나랑 세 모녀가 극장에 다녀왔더니 아빠가 약간 외로워 보이더라.

소외된 가장이네. 아빠한테 더 잘해 드려야겠다.

유의어 **소원**

8 심란 : 心亂 마음 심, 어지러울 란

– 마음이 평온하지 않고 어수선함.

엄마께서 건강검진 결과 이상이 있으셔서 재검사를 하셨어. 마음이 너무 **심란**해.

정말 걱정이 많겠구나. 별일 없을 거야.

유의어 **뒤숭숭**

9 왜곡 : 歪曲 기울 왜, 굽을 곡

– 사실과 다르게 해석하거나 그릇되게 함.

요즘 인터넷 기사를 보면 어떤 것이 사실이고 어떤 것이 거짓인지 구별이 힘들어.

진실을 **왜곡**하거나 과장한 기사들이 너무 많이 섞여 있어.

유의어 **조작, 날조**

10 응시 : 凝視 엉길 응, 볼 시

– 눈길을 모아 한곳을 똑바로 바라봄.

매직 아이 해 봤어? 아무리 집중해서 책을 **응시**해도 나는 안 보여.

집중을 해서 **응시**하니 안 보이지. 눈에 힘을 빼고 보라고.

유의어 **주시**

LEVEL 2

STEP 1
STEP 2
STEP 3
STEP 4
STEP 5

11 재촉

– 어떤 행동이나 일 따위를 남에게 빨리 하도록 다그침.

봄을 **재촉**하는 봄비가 밤새 내렸어. 이제 본격적으로 따뜻해질 것 같아.

봄비가 내리니 왠지 마음이 설레어.

유의어 **촉구, 채찍질**

12 청승맞다

– 궁상스럽고 처량하여 보기에 몹시 언짢다.

성적표 받은 날 우산도 없이 비를 맞으며 집에 오니 진짜 **청승맞다**.

훌쩍훌쩍 울기까지 하면 완벽한데 눈물은 안 흘렸니?

13 허탕

– 어떤 일을 시도하였다가 아무 소득이 없이 일을 끝냄.

어제도 'EXO' 숙소 앞에서 잠복했는데 **허탕**이었어. 마주칠 때가 됐는데…….

너 언제 정신 차릴래? 근데 만약 마주치면 사진은 꼭 찍어 와야 한다?

유의어 **헛수고**

14 결여 : 缺如 이지러질 **결**, 같을 **여**

– 마땅히 있어야 할 것이 빠져서 없거나 모자람.

피겨 스케이팅은 매번 개최국 선수에게 유리한 점수가 나와서 논란이 되고 있어.

쇼트니코바 선수가 금메달을 받았을 때도 객관성이 **결여**된 것 아니냐는 기사가 많았지.

유의어 **결핍, 누락, 부족**

15 기만 : 欺瞞 속일 **기**, 속일 **만**

– 남을 속여 넘김.

내 힘으로 살을 빼기는 어려울 것 같은데, 인터넷에서 살 빠지는 약을 사면 어떨까?

그런 약들은 모두 너같은 무지한 소비자를 **기만**하는 상품이라고. 정신 차려.

유의어 **기망, 사기**

16 대동 : 大同 클 대, 함께 동

– 큰 세력이 합동함.

🧑 전교생이 대동 단결하여 개교 30주년 축제를 성황리에 끝냈어.

👧 고등학교 가면 축제 규모도 커지겠지? 혹시 연예인도 와?

17 보완 : 補完 도울 보, 완전할 완

– 모자라거나 부족한 것을 보충하여 완전하게 함.

🧑 사회 수행평가 통과 못 했어. 부족한 부분을 보완해서 내일까지 다시 제출해야 해.

🧑 그렇게 인터넷에서 긁어다 붙이면 금방 티 난다고 했잖아.

유의어 **보강, 보전**

18 소위 : 所謂 바 소, 이를 위

– 이른바. 흔히 말하는 바대로.

🧑 지난번에 너와 함께 있던 친구 누구야? 청순한 모습이 완전 내 스타일이야.

👧 겉모습은 그래 보여도 오빠보다 싸움 더 잘할걸? 소위 말하는 일진이야.

19 애도 : 哀悼 슬플 애, 슬퍼할 도

– 사람의 죽음을 슬퍼함.

👧 생전에 관심을 받지 못한 무명 연예인이 또 한번 자살을 선택했대.

👧 정말 안타까워. 인터넷에 애도의 물결이 넘치고 있어.

20 외곽 : 外廓 바깥 외, 둘레 곽

– ① 바깥 테두리. ② 성 밖으로 다시 둘러쌓은 성.

🧑 너 지난주 일요일에 이사 갔다며? 어디로 이사 갔어?

🧑 용인. 엄마가 분당보다 외곽 지역이라고 하시더라.

유의어 **변두리**

3 아래 설명된 의미의 단어를 써 보세요.

의 미	단 어
1 사실과 다르게 해석하거나 그릇되게 함.	
2 이른바. 흔히 말하는 바대로.	
3 마음이 평온하지 않고 어수선함.	
4 굳세게 버티어 굽히지 않음.	
5 사람의 죽음을 슬퍼함.	
6 (주로 의문을 나타내는 말과 쓰여) 여러 말 할 것 없이 요점만 말하건대.	
7 규율과 법도를 아울러 이르는 말.	
8 저것과 이것을 아울러 이르는 말. 양쪽.	
9 남을 배척함.	
10 어떤 일을 시도하였다가 아무 소득이 없이 일을 끝냄.	
11 어떤 무리에서 기피하여 따돌리거나 멀리함.	
12 큰 세력이 합동함.	
13 눈길을 모아 한곳을 똑바로 바라봄.	
14 궁상스럽고 처량하여 보기에 몹시 언짢다.	
15 모자라거나 부족한 것을 보충하여 완전하게 함.	
16 어떤 행동이나 일 따위를 남에게 빨리 하도록 다그침.	
17 평가하거나 측정할 때 의거할 기준.	
18 ① 바깥 테두리. ② 성 밖으로 다시 둘러쌓은 성.	
19 마땅히 있어야 할 것이 빠져서 없거나 모자람.	
20 남을 속여 넘김.	

정답 15개 이상 – 다음 단계 도전!

1 상자 안 단어의 의미에 대하여 생각해 보고, 이해하고 있는 수준에 따라
아래 표에 단어를 분류해 보세요.

| □ 의혹 | □ 적막 | □ 체감 | □ 호의적 | □ 고충 |

| □ 기지 | □ 동요 | □ 부질없다 | □ 수월하다 | □ 애석 |

| □ 용납 | □ 이변 | □ 절충 | □ 체면 | □ 혹독 |

| □ 곤경 | □ 냉소 | □ 두각 | □ 분개 | □ 수행 |

정확하게 의미를 알고 있는 단어	들어 본 적은 있으나 의미는 정확하지 않은 단어	전혀 의미를 모르는 처음 들어 보는 단어

2 각 단어를 구성하는 한자의 뜻, 단어의 사전적 정의를 이해하고,
대화를 통해 단어의 의미를 익혀 보세요.

1 **의혹** : 疑惑 의심할 의, 미혹할 혹

– 믿을 수가 없어 수상하게 여김.

🧑 우리 학교 3학년 주임 선생님이 성적 조작 비리로 **의혹**을 받고 있어.

🧑 성적에 대하여 정당하지 못한 처우를 받게 되면 평생 동안 억울할 것 같아.

유의어 **의아, 의심**

2 **적막** : 寂寞 고요할 적, 고요할 막

– 고요하고 쓸쓸함. 의지할 곳 없이 외로움.

🧑 우리 반이 이번 중간고사 결과에서 2학년 꼴찌라는 얘기 들었어?

🧑 그래서 종례 시간에 **적막**이 감돌았던 것이군. 숨 막힐 뻔했어.

유의어 **정적, 고독**

3 **체감** : 體感 몸 체, 느낄 감

– 몸으로 어떤 감각을 느낌.

🧑 기온이 많이 높아졌다고 해서 얇은 옷을 입고 왔는데 너무 춥네.

🧑 기온이 높아도 오늘처럼 바람이 많이 불면 몸으로 **체감**하는 온도는 훨씬 낮아.

4 **호의적** : 好意的 좋을 호, 뜻 의, 과녁 적

– 좋게 생각하여 주는 마음을 갖는 것.

🧑 **호의적**인 마음으로 도와주겠다고 했는데 쌀쌀맞게 거절당했어.

🧑 희영이는 원래 성격이 독립적이어서 남에게 도움받는 것을 굉장히 싫어해.

유의어 **긍정적**

5 **고충** : 苦衷 쓸 고, 속마음 충

– 괴로운 심정. 어렵고 안타까운 사정.

🧑 영민이가 수업 시간에 졸다가 자주 선생님께 혼이 나더라.

🧑 나중에 나한테 **고충**을 털어놓았는데, 요즘 밤마다 편의점에서 아르바이트를 하고 있대.

유의어 **애로**

6 기지 : 機智 틀 기, 지혜 지

– 경우에 따라 재치 있게 대응하는 지혜.

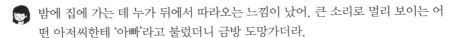

밤에 집에 가는 데 누가 뒤에서 따라오는 느낌이 났어. 큰 소리로 멀리 보이는 어떤 아저씨한테 '아빠'라고 불렀더니 금방 도망가더라.

순발력 있게 **기지**를 발휘했구나!

유의어 **슬기**

7 동요 : 動搖 움직일 동, 흔들 요

– 마음이나 상황 따위가 확고하지 못하고 흔들림.

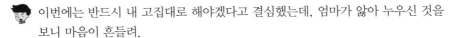

이번에는 반드시 내 고집대로 해야겠다고 결심했는데, 엄마가 앓아 누우신 것을 보니 마음이 흔들려.

엄마의 약한 모습에 마음이 **동요**되었구나.

8 부질없다

– 대수롭지 아니하거나 쓸모가 없다.

답안지가 걷힌 직후에 답이 생각났는데, 아무리 졸라도 답을 쓸 수 없게 되었어.

답안지가 내 손에서 떠나면 정답이 생각나도 다 **부질없는** 일이지.

유의어 **괜하다**

9 수월하다

– ① 까다롭거나 힘들지 않아 하기가 쉽다. ② 말이나 태도 따위가 아주 예사롭다.

개념을 먼저 노트에 꼼꼼하게 정리한 후에 문제를 풀었더니 문제 풀기가 **수월해**.

그럼 그 정리된 개념 노트 나 좀 빌려주면 안 될까?

유의어 **손쉽다, 무난하다**

10 애석 : 哀惜 슬플 애, 아까울 석

– 슬프고 아까움.

'어린이날'과 주말이 겹쳐져 5월에 연휴가 긴데 어디라도 놀러 가고 싶다.

애석하게도 연휴 바로 뒤에 중간고사야.

유의어 **애통**

LEVEL 2

STEP 1
STEP 2
STEP 3
STEP 4
STEP 5

11 **용납** : 容納 얼굴 용, 들일 납

　– 너그러운 마음으로 남의 말이나 행동을 받아들임.

　　🧒 내가 제일 싫어하는 것이 약속 시간을 어기는 일이야. 절대로 **용납**할 수 없어.

　　👧 세상에 피치 못할 일도 있잖아. 예외적 상황은 봐줘야지.

　유의어 **용인, 양해, 용서**

12 **이변** : 異變 다를 이(리), 변할 변

　– 전혀 예상하지 못한 사태.

　　🧑 입학 이후 최초로 전교 1등이 바뀌었어. **이변**이 벌어진 거지.

　　👦 이러다가 정훈이가 자존심 상해서 전학 가는 거 아니니?

　유의어 **변이, 사고**

13 **절충** : 折衷 꺾을 절, 속마음 충

　– 서로 다른 사물이나 의견, 관점 따위를 알맞게 조절하여 서로 잘 어울리게 함.

　　🧑 류현진 선수가 '다저스'와 계약한 과정도 한 편의 영화 같더라.

　　👦 계약 마감 시간 몇 초 전에 구단 측과 류현진 선수의 요구안이 극적으로 **절충**되었대.

　유의어 **조율**

14 **체면** : 體面 몸 체, 낯 면

　– 남을 대하기에 떳떳한 도리나 얼굴.

　　🧑 우리 엄마는 화가 나면 동생과 비교하면서 나를 혼내는 습관이 있으셔.

　　👦 정말 오빠로서 **체면**이 많이 구겨지겠네. 한번 진지하게 엄마한테 이야기해 봐.

　유의어 **면목, 위신**

15 **혹독** : 酷毒 심할 혹, 독 독

　– 성질이나 하는 짓이 몹시 심하고 악함.

　　👧 여름이 되기 전에 다이어트를 해야겠어! 더워지니까 더 힘들어.

　　👧 기왕 할 거면 이를 악물고 **혹독**하게 해 봐. 설렁설렁하지 말고.

　유의어 **가혹, 무자비**

16 곤경 : 困境 곤할 곤, 지경 경

– 곤란한 경우나 처지.

눈치 없는 희영이 때문에 **곤경**에 빠진 적이 한두 번이 아니야.

나도 그래. 지훈이한테 내가 좋아하는 거 알고 있냐고, 대놓고 물었다니까.

유의어 **고생, 고난**

17 냉소 : 冷笑 찰 냉(랭), 웃음 소

– 쌀쌀한 태도로 비웃음.

우리가 태준이를 따돌리는 것 같지만, 사실은 태준이가 우리 모두를 따돌리는 것 같기도 해.

어차피 친구 따위는 필요 없다는 듯한 **냉소**를 띠고 있으니 그런가 봐.

18 두각 : 頭角 머리 두, 뿔 각

– 재능이나 학식, 기술 따위가 남보다 특히 뛰어남을 비유적으로 이르는 말.

박태환 선수는 어릴 때부터 단연 **두각**을 나타내더니 끝내 세계적 선수가 되었지.

어떤 분야든 천재는 일찍부터 빛을 발하는 것 같아. 나는 대기만성형 인간일 거야.

19 분개 : 憤慨 분할 분, 슬퍼할 개

– 몹시 분하게 여김.

세월호 참사에 대한 명확한 해명을 요구하는 집회가 서울광장에서 열렸어.

분개한 유족뿐만 아니라 여러 연예인까지 동참하고 있다더라.

유의어 **개탄, 분노, 분격**

20 수행 : 遂行 따를 수, 행할 행

– 생각하거나 계획한 대로 일을 해냄.

〈미션 임파서블〉 봤어? '톰 크루즈'는 나이가 들어도 멋지더라.

미션을 **수행**하려고 그 높은 빌딩에서 떨어지는 모습은 언제 봐도 짜릿해.

유의어 **이행, 실행**

LEVEL 2

STEP 1
STEP 2
STEP 3
STEP 4
STEP 5

3 아래 설명된 의미의 단어를 써 보세요.

의 미	단 어
1 대수롭지 아니하거나 쓸모가 없다.	
2 몸으로 어떤 감각을 느낌.	
3 너그러운 마음으로 남의 말이나 행동을 받아들임.	
4 믿을 수가 없어 수상하게 여김.	
5 슬프고 아까움.	
6 좋게 생각하여 주는 마음을 갖는 것.	
7 고요하고 쓸쓸함. 의지할 곳 없이 외로움.	
8 경우에 따라 재치 있게 대응하는 지혜.	
9 마음이나 상황 따위가 확고하지 못하고 흔들림.	
10 괴로운 심정. 어렵고 안타까운 사정.	
11 재능이나 학식, 기술 따위가 남보다 특히 뛰어남을 비유적으로 이르는 말.	
12 곤란한 경우나 처지.	
13 ① 까다롭거나 힘들지 않아 하기가 쉽다. ② 말이나 태도 따위가 아주 예사롭다.	
14 몹시 분하게 여김.	
15 전혀 예상하지 못한 사태.	
16 생각하거나 계획한 대로 일을 해냄.	
17 서로 다른 사물이나 의견, 관점 따위를 알맞게 조절하여 서로 잘 어울리게 함.	
18 성질이나 하는 짓이 몹시 심하고 악함.	
19 쌀쌀한 태도로 비웃음.	
20 남을 대하기에 떳떳한 도리나 얼굴.	

🔲 정답 15개 이상 - 다음 단계 도전!

1 상자 안 단어의 의미에 대하여 생각해 보고, 이해하고 있는 수준에 따라
아래 표에 단어를 분류해 보세요.

☐ 약조   ☐ 우세   ☐ 인기척   ☐ 지속   ☐ 타당

☐ 후미지다   ☐ 관조   ☐ 너스레   ☐ 막대   ☐ 비수

☐ 순화   ☐ 역량   ☐ 우직   ☐ 일탈   ☐ 지체

☐ 편법   ☐ 묘책   ☐ 규제   ☐ 노자   ☐ 면목

정확하게 의미를 알고 있는 단어	들어 본 적은 있으나 의미는 정확하지 않은 단어	전혀 의미를 모르는 처음 들어 보는 단어

2 각 단어를 구성하는 한자의 뜻, 단어의 사전적 정의를 이해하고,
대화를 통해 단어의 의미를 익혀 보세요.

1 **약조** : 約條 맺을 약, 가지 조

– 조건을 붙여서 약속함.

🙍‍♀️ 우리 엄마가 사돈 맺기로 **약조**를 맺은 친구가 있다나? 지금이 무슨 조선시대냐?

🙍‍♀️ 말 그대로 엄마 친구 아들이구나. 의외로 킹카 아냐?

유의어 **계약, 약속**

2 **우세** : 優勢 넉넉할 우, 기세 세

– 상대편보다 힘이나 세력이 강함.

🙍‍♀️ 어제 뉴스 봤어? 'EXO'가 요즘은 압도적인 대세라고 뉴스에도 나오더라?

🙍‍♀️ 그래도 팬덤은 우리 '인피니트'가 더 **우세**할걸?

유의어 **우월**

3 **인기척** : 人— — 사람 인

– 사람이 있음을 알 수 있게 하는 소리나 기색.

🙍‍♀️ 여름이 다가오니까 열린 창문을 통해 빈집 털이범이 출몰한대.

🧑 작년에 우리 집에서도 창문으로 들어오려던 도둑이 **인기척**에 도망간 적 있었어.

유의어 **인적**

4 **지속** : 持續 가질 지, 이을 속

– 어떤 상태가 끊이지 않고 오래 계속되거나 유지됨.

🙍‍♀️ 오빠와 나의 관계가 평화롭게 **지속**될 수 있는 좋은 방법 없을까?

🧑 있지. 나는 명령하고, 너는 따르는 거야.

5 **타당** : 妥當 온당할 타, 마땅 당

– 일의 이치로 보아 마땅하고 옳음.

🧑 논술에서는 보편적이고 **타당**한 의견을, 논제에 정확히 맞추어 주장해야 해.

🧑 동시에 진부하지 않고 개성적인 생각을 개진해야 하니 어렵지.

유의어 **온당, 합당, 적합**

6 후미지다

– ① 물가나 산길이 휘어서 굽어 들어간 곳이 매우 깊다. ② 구석지고 으슥하다.

이 길은 너무 **후미지고** 으슥해서 위험해 보인다. 다른 길로 가자.

밤에 이 골목에서 귀신을 봤다는 아이들도 있어.

유의어 **외지다, 호젓하다**

7 관조 : 觀照 볼 관, 비칠 조

– 고요한 마음으로 사물이나 현상을 관찰하거나 비추어 봄.

식민지 시대에 세상을 지나치게 **관조**하는 태도로 글을 쓴 문인들은 비판받아 마땅해.

그것은 면밀히 따져 봐야 해. 관조적 태도가 극도의 울분에서 비롯된 것일 수도 있어.

유의어 **관망, 묵상**

8 너스레

– 수다스럽게 떠벌려 늘어놓는 말이나 짓.

오늘 너 굉장히 불안해 보여. 평소보다 **너스레**도 심하고. 무슨 일 있어?

사실 좋아하던 애한테 고백했다가 차였어. 괜찮은 척하려고 노력했는데 실패했네.

유의어 **넉살**

9 막대 : 莫大 없을 막, 클 대

– 더할 수 없을 만큼 많거나 큼.

막대한 제작비를 투자한 대작들이 추석 연휴에 일제히 개봉한대. 뭐부터 볼까?

중간고사도 일제히 시작되는 것은 생각 안 하니?

10 비수 : 匕首 비수 비, 머리 수

– 날이 예리하고 짧은 칼.

채만식의 소설을 보면 시대에 대한 풍자가 **비수**처럼 작품 곳곳에 꽂혀 있어.

나는 인터넷 연재 소설만 읽어서, 채만식이 누군지 잘 모르겠다.

11　순화 : 醇化　진할 순, 될 화

– 정성 어린 가르침으로 감화함. 잡스러운 것을 걸러서 순수하게 함.

　　요즘 중딩들은 욕을 빼면 아예 대화가 안 되는 것 같아. 언어 **순화** 좀 해야 해.

　　2년 전까지 전설의 '야탑동 욕 마왕'이었던 자가 그런 소리를 하다니 정말 어이없을 뿐이다.

12　역량 : 力量　힘 역(력), 헤아릴 량

– 어떤 일을 해낼 수 있는 힘.

　　수능 당일에 아는 문제도 생각이 안 나면 어떡하지? 불안해서 잠이 안 와.

　　그날은 잠재된 모든 **역량**까지 총동원해서 최선을 다해야지.

유의어 **능력, 실력**

13　우직 : 愚直　어리석을 우, 곧을 직

– 어리석고 고지식함.

　　정훈이는 한번 공부 시작하면 화장실도 잘 안 가고, 하루 종일 말도 안 하더라.

　　워낙 **우직**하게 공부해서 별명이 뚝배기잖아. 몸도 무겁고 생각도 무겁다고.

14　일탈 : 逸脱　달아날 일, 벗을 탈

– 정하여진 영역 또는 본디의 목적이나 길, 사상, 규범, 조직 따위로부터 빠져 벗어남.

　　휴대폰도 없고, 인터넷도 없던 예전에는 뭐 하고 놀았을까? 얌전히 공부만 했나?

　　우리 엄마 시대에는 롤러 스케이트 타러 '로라장'에 가는 것이 최고의 **일탈**이었대.

유의어 **탈선**

15　지체 : 遲滯　더딜 지, 막힐 체

– 때를 늦추거나 질질 끎.

　　선발대로 먼저 출발하지 않았어? 왜 겨우 여기까지밖에 못 갔어?

　　진구가 발을 삐어서 응급처치를 하느라 시간이 많이 **지체**되었어.

유의어 **연체, 지연**

16 편법 : 便法 편할 편, 법 법

– 정상적인 절차를 따르지 않은 간편하고 손쉬운 방법.

🧑 '허니버터칩'의 인기가 높아지니까 다양한 끼워 팔기가 편법으로 악용되고 있어.

🧑 우리 동네에서는 '허니버터칩' 한 봉지에 초코바 한 봉지를 묶어 놓았더라니까.

17 묘책 : 妙策 묘할 묘, 꾀 책

– 매우 교묘한 꾀.

👧 회장 선거에서 다른 후보들보다 압도적 지지를 얻을 수 있는 공약이 뭐가 있을까?

👧 집행부끼리 모여서 이야기하다 보면 묘책이 떠오를 거야!

유의어 **묘법, 묘안**

18 규제 : 規制 법 규, 절제할 제

– 규칙이나 규정에 의하여 일정한 한도를 정하거나 정한 한도를 넘지 못하게 막음.

🧑 선행학습 금지법은 개인의 자유를 너무 심하게 규제하는 것이라 생각해.

🧑 무엇이든 법으로 금지만 하면 다 해결될 것이라 생각하는 것 자체가 탁상공론이야.

유의어 **억제, 한정**

19 노자 : 路資 길 노, 재물 자

– 먼 길을 떠나 오가는 데 드는 비용.

🧑 옛날 사람들은 노자가 부족해서 수십 킬로미터에 달하는 거리를 걸어 다녔대.

🧑 나같이 가난하고 게으른 사람들은 평생 한 동네에만 살았겠다.

유의어 **여비**

20 면목 : 面目 낯 면, 눈 목

– ① 얼굴의 생김새. ② 낯. ③ 사람이나 사물의 겉모습.

🧑 내 인생이니 내가 알아서 하겠다고 큰 소리를 뻥뻥 쳤는데, 시험을 완전 망쳤어.

🧑 부모님 볼 면목이 없겠구나.

유의어 **위신**

3 아래 설명된 의미의 단어를 써 보세요.

의 미	단 어
1 수다스럽게 떠벌려 늘어놓는 말이나 짓.	
2 일의 이치로 보아 마땅하고 옳음.	
3 어리석고 고지식함.	
4 매우 교묘한 꾀.	
5 어떤 상태가 끊이지 않고 오래 계속되거나 유지됨.	
6 때를 늦추거나 질질 끎.	
7 사람이 있음을 알 수 있게 하는 소리나 기색.	
8 상대편보다 힘이나 세력이 강함.	
9 정하여진 영역 또는 본디의 목적이나 길, 사상, 규범, 조직 따위로부터 빠져 벗어남.	
10 날이 예리하고 짧은 칼.	
11 조건을 붙여서 약속함.	
12 더할 수 없을 만큼 많거나 큼.	
13 고요한 마음으로 사물이나 현상을 관찰하거나 비추어 봄.	
14 ① 얼굴의 생김새. ② 낯. ③ 사람이나 사물의 겉모습.	
15 ① 물가나 산길이 휘어서 굽어 들어간 곳이 매우 깊다. ② 구석지고 으슥하다.	
16 먼 길을 떠나 오가는 데 드는 비용.	
17 어떤 일을 해낼 수 있는 힘.	
18 규칙이나 규정에 의하여 일정한 한도를 정하거나 정한 한도를 넘지 못하게 막음.	
19 정성 어린 가르침으로 감화함. 잡스러운 것을 걸러서 순수하게 함.	
20 정상적인 절차를 따르지 않은 간편하고 손쉬운 방법.	

🔲 정답 15개 이상 – 다음 단계 도전!

1 상자 안 단어의 의미에 대하여 생각해 보고, 이해하고 있는 수준에 따라
아래 표에 단어를 분류해 보세요.

☐ 비운	☐ 습성	☐ 염원	☐ 위엄	☐ 잉태
☐ 지향	☐ 포괄	☐ 순리	☐ 규탄	☐ 눈요기
☐ 명망	☐ 상심	☐ 시인	☐ 영구	☐ 유추
☐ 자애	☐ 진노	☐ 포부	☐ 분주하다	☐ 고대

정확하게 의미를 알고 있는 단어	들어 본 적은 있으나 의미는 정확하지 않은 단어	전혀 의미를 모르는 처음 들어 보는 단어

LEVEL 2

STEP 1
STEP 2
STEP 3
STEP 4
STEP 5

2 각 단어를 구성하는 한자의 뜻, 단어의 사전적 정의를 이해하고,
대화를 통해 단어의 의미를 익혀 보세요.

1 비운 : 悲運 슬플 비, 옮길 운

– 슬픈 운수. 또는 슬픈 운명.

🧑 우리 학년의 입시 제도가 제일 엉망인 것 같아. 우리는 정말 **비운**의 주인공이야.

👦 모든 학생들은 입시 제도에 대해서 저마다 그런 피해의식이 있는 것 같아.

유의어 **불운, 불행**

2 습성 : 習性 익힐 습, 성품 성

– 습관이 되어 버린 성질.

👧 우리 진돌이는 산책만 나가면 가로수마다 오줌을 싸는 **습성**이 있어. 창피해.

👧 그건 약과야. 우리 고양이는 자꾸 나에게 바퀴벌레를 잡아 와서 선물해.

유의어 **상습, 버릇**

3 염원 : 念願 생각 염(념), 원할 원

– 마음에 간절히 생각하고 기원함.

👩 한국에서 올림픽을 치르는 것이 우리 부모님 시대에는 온 국민의 **염원**이었대.

👧 역사책에 등장하는 사건을 엄마가 직접 경험했다는 얘기를 들으면 조금 신기해.

유의어 **희망, 소망**

4 위엄 : 威嚴 위엄 위, 엄할 엄

– 존경할 만한 위세가 있어 점잖고 엄숙함.

👧 새로운 담임 선생님이 너무 무서워서 반에 적응하기가 힘들어.

👧 우리 오빠가 그 선생님 반이었는데, **위엄** 있고 공정한 분이라고 했어. 걱정 마.

유의어 **위세, 권위**

5 잉태 : 孕胎 아이 밸 잉, 아이 밸 태

– 임신. 아이나 새끼를 밴.

👧 어제 〈동물농장〉에서 봤는데, 새끼를 **잉태**한 개가 밥을 항상 두 그릇씩 먹더라.

🧑 나는 홀몸인데, 어째서 밥을 두 그릇씩 먹을까?

유의어 **임신**

6 **지향** : 志向 뜻 지, 향할 향

– 어떤 목표로 뜻이 쏠리어 향함. 또는 그 방향이나 그쪽으로 쏠리는 의지.

🧑‍🦰 요즘 중학생들은 미래에 대한 진지한 고민 없이 하루하루 즐거움만 **지향**하는 것 같아.

🧑‍🦰 너는 네가 어른들한테 들은 이야기를 남의 이야기하듯 말하는 버릇이 있더라.

7 **포괄** : 包括 꾸러미 포, 묶을 괄

– 어떤 대상이나 현상을 일정한 범위나 한계 안에 모두 휩싸서 하나로 묶음.

🧑 생물 수행평가 주제가 너무 **포괄**적이어서 어디서부터 시작해야 할지 모르겠어.

🧑 '척추동물의 체계'에 대한 내용이니 일단 소분류부터 시작해 봐.

유의어 **개괄, 총괄**

8 **순리** : 順理 순할 순, 다스릴 리

– 순한 이치나 도리. 또는 도리나 이치에 순종함.

🧑‍🦰 대학교에만 들어가면 목돈을 투자해서 대대적으로 성형 수술을 해 볼까 해.

🧑 제발 정신 차려. 사람은 **순리**대로 살아야 해. 수술한다고 바탕이 달라지냐?

유의어 **정도**

9 **규탄** : 糾彈 얽힐 규, 탄알 탄

– 잘못이나 옳지 못한 일을 잡아내어 따지고 나무람.

🧑‍🦰 '아이사랑 연합회'에서 아동학대를 **규탄**하는 집회를 열었어.

🧑‍🦰 그런 기사를 보면 우리 엄마는 너무 좋은 엄마야. 살 빼라는 소리만 안 하면.

유의어 **성토**

10 **눈요기** : ―療飢 병 고칠 요(료), 주릴 기

– 눈으로 보기만 하면서 어느 정도 만족을 느끼는 일.

🧑‍🦰 백화점에서 오늘부터 유명한 셰프의 케이크 전시회가 열린다는데 꼭 가 봐야지.

🧑‍🦰 너는 빵을 좋아하니까, 거기 가면 **눈요기**는 실컷 하겠구나.

11 명망 : 名望 이름 명, 바랄 망

– 명성과 인망을 아울러 이르는 말.

한문 선생님이 사실은 **명망** 높은 서예가이시래.

어쩐지 칠판 글씨만 봐도 예사롭지 않다고 생각했어.

유의어 **덕**

12 상심 : 傷心 다칠 상, 마음 심

– 속을 썩임. 마음을 상함. 마음을 태움. 속상함.

수시 전형 때문에 공부에 집중하기가 더 힘들어.

수시에서 떨어지면 너무 **상심**이 커서 정시에도 도전하기가 두려울 것 같아.

유의어 **낙심, 실망**

13 시인 : 是認 옳을 시, 알 인

– 어떤 내용이나 사실이 옳거나 그러하다고 인정함.

연예인 커플들은 결국 사귀는 것을 **시인**할 거면서 왜 처음에는 그렇게 시치미를 뗄까?

연예인 열애설은 폭로해야 할 시기를 골라 터뜨리는 것 같아.

유의어 **용납**

14 영구 : 永久 길 영, 오랠 구

– 어떤 상태가 시간상으로 무한히 이어짐.

민정이가 유학을 간다며? 친한 친구인데 섭섭하다. 몇 년이나 있다가 돌아올까?

유학이 아니라, 온 식구가 **영구** 이민을 가는 거라서 웬만하면 오기 어려울걸?

유의어 **영원**

15 유추 : 類推 무리 유(류), 밀 추

– 같은 종류의 것 또는 비슷한 것에 기초하여 다른 사물을 미루어 추측하는 일.

벽화 내용으로 구석기 시대의 생활을 그토록 자세하게 **유추**해 내다니 정말 신기해.

나는 구석기 사람들의 미술 솜씨가 나보다 훨씬 좋다는 그 사실이 더 신기해.

유의어 **짐작, 추론**

16 자애 : 慈愛 사랑 자, 사랑 애

– 아랫사람에게 베푸는 따사롭고 돈독한 사랑.

> 외할머니는 자애가 깊으신 분이셨어. 일하는 엄마 대신에 우리 남매를 키우셨지.

> 너처럼 까다로운 애를 키우셨으면 굉장히 힘드셨겠다. 앞으로 효도 많이 해야겠네.

유의어 **자비**

17 진노 : 瞋怒 부릅뜰 진, 노할 노

– 성을 내며 노여워함.

> 『그리스 신화』에는 인간의 탐욕과 그것에 진노한 신의 징벌이 여기저기 담겨 있어.

> 그 책은 등장인물 이름을 외우기가 어려워서 매번 중간에 포기하게 돼.

유의어 **분노**

18 포부 : 抱負 안을 포, 질 부

– 마음속에 지닌 앞날에 대한 생각이나 계획.

> 여름 방학 때 영어단어 3천 개를 외우겠다는 포부를 품었지만 결국 3백 개도 못 외웠어.

> 3주밖에 안 되는 방학 동안 그게 가능하다고 생각했냐?

유의어 **희망, 야심**

19 분주하다 : 奔走-- 달릴 분, 달릴 주

– 몹시 바쁘게 뛰어다니다.

> 새벽부터 분주하게 장사 준비를 하는 가게들을 바라보면 나도 힘이 불끈 솟아.

> 시간이 귀한 우리 같은 수험생들에게 부지런함은 꼭 필요한 덕목이지.

유의어 **부산하다**

20 고대 : 苦待 쓸 고, 기다릴 대

– 간절히 기다림.

> 어렸을 때는 소풍날을 고대하며 잠을 설치기까지 했었는데…….

> 요즘에는 엉덩이가 무거워져서 어디 가는 것도 귀찮더라.

유의어 **기대**

LEVEL 2

STEP 1
STEP 2
STEP 3
STEP 4
STEP 5

3 아래 설명된 의미의 단어를 써 보세요.

의 미	단 어
1 순한 이치나 도리. 또는 도리나 이치에 순종함.	
2 눈으로 보기만 하면서 어느 정도 만족을 느끼는 일.	
3 습관이 되어 버린 성질	
4 어떤 내용이나 사실이 옳거나 그러하다고 인정함.	
5 마음에 간절히 생각하고 기원함.	
6 어떤 목표로 뜻이 쏠리어 향함. 또는 그 방향이나 그쪽으로 쏠리는 의지.	
7 어떤 상태가 시간상으로 무한히 이어짐.	
8 슬픈 운수. 또는 슬픈 운명.	
9 잘못이나 옳지 못한 일을 잡아내어 따지고 나무람.	
10 임신. 아이나 새끼를 뱀.	
11 존경할 만한 위세가 있어 점잖고 엄숙함.	
12 명성과 인망을 아울러 이르는 말.	
13 어떤 대상이나 현상을 일정한 범위나 한계 안에 모두 휩싸서 하나로 묶음.	
14 같은 종류의 것 또는 비슷한 것에 기초하여 다른 사물을 미루어 추측 하는 일.	
15 속을 썩임. 마음을 상함. 마음을 태움. 속상함.	
16 몹시 바쁘게 뛰어다니다.	
17 마음속에 지닌 앞날에 대한 생각이나 계획. 희망.	
18 간절히 기다림.	
19 아랫사람에게 베푸는 따사롭고 돈독한 사랑.	
20 성을 내며 노여워함.	

👁 정답 15개 이상 - 다음 단계 도전!

1 다음 뜻에 알맞은 단어를 서로 연결하시오.

① 선호   고요한 마음으로 사물이나 현상을 관찰하거나 비추어 봄.

② 척도   여럿 가운데서 특별히 가려서 좋아함.

③ 왜곡   평가하거나 측정할 때 의거할 기준.

④ 동요   사실과 다르게 해석하거나 그릇되게 함.

⑤ 관조   마음이나 상황 따위가 확고하지 못하고 흔들림.

2 제시된 초성을 참고하여 단어의 뜻풀이를 완성하시오.

① 타당 – 일의 이치로 보아 (ㅁㄸㅎㄱ) 옳음.

② 유추 – 같은 (ㅈㄹ)의 것 또는 비슷한 것에 기초하여 다른 사물을 미루어 (ㅊㅊ)하는 일.

③ 지속 – 어떤 상태가 끊이지 않고 오래 (ㄱㅅ)되거나 (ㅇㅈ)됨.

④ 기강 – (ㄱㅇ)과 (ㅂㄷ)를 아울러 이르는 말.

3 단어의 정의를 생각하며 다음 한자의 의미를 쓰시오.

① 방관 : 傍(   ) 觀(   ) – 어떤 일에 직접 나서서 관여하지 않고 곁에서 보기만 함.

② 진부 : 陳(   ) 腐(   ) – 사상, 표현, 행동 따위가 낡아서 새롭지 못함.

③ 지향 : 志(   ) 向(   ) – 어떤 목표로 뜻이 쏠리어 향함. 또는 그 방향이나 그쪽으로 쏠리는 의지.

4 다음의 글자들을 조합하여 뜻풀이에 알맞은 어휘를 쓰시오.

일	너	스	레	관	민	성	두	각	만	최	진
탈	중	임	도	포	괄	조	상	성	간	헐	적

① (　　　) – 어떤 일이 어느 정도의 시간 간격을 두고 되풀이하여 일어나는 것.

② (　　　) – 정하여진 영역 또는 본디의 목적이나 길, 사상, 규범, 조직 따위로부터 빠져 벗어남.

③ (　　　) – 어떤 대상이나 현상을 일정한 범위나 한계 안에 모두 휩싸서 하나로 묶음.

④ (　　　) – 재능이나 학식, 기술 따위가 남보다 특히 뛰어남을 비유적으로 이르는 말.

⑤ (　　　) – 수다스럽게 떠벌려 늘어놓는 말이나 짓.

5 예시문의 (　)에 들어갈 알맞은 말을 〈보기〉에서 찾아 쓰시오.

의혹　　기지　　간곡　　냉소　　시인

① 그의 태도가 너무나 (　　　)하여 할 수 없이 그의 부탁을 들어주었다.

② 솔직하게 범죄 사실을 (　　　)하는 것이 형량을 낮추는 데 도움이 된다.

③ 그 후보자는 뇌물 수수 (　　　)이 불거지면서 결국 낙선했다.

④ 긴박한 순간에 승무원의 (　　　)로 그 비행기는 대형 참사를 막을 수 있었다.

⑤ 독창적 예술 세계를 추구해 온 작가의 작품이 표절로 밝혀지자, 비평가들은 (　　　) 가득한
평가를 쏟아 내었다.

FINAL TEST ❷

📝 아래 단어의 의미를 이해하고 짧은 글짓기를 해 보시오.

1	몰두	
2	새삼스럽다	
3	진부	
4	포용	
5	간헐적	
6	방관	
7	완화	
8	으름장	
9	강경	
10	대관절	
11	배타	
12	응시	
13	결여	
14	기만	
15	보완	
16	소위	
17	의혹	
18	고충	

19	동요	
20	부질없다	
21	용납	
22	절충	
23	두각	
24	분개	
25	우세	
26	타당	
27	후미지다	
28	너스레	
29	일탈	
30	지체	
31	편법	
32	면목	
33	습성	
34	염원	
35	규탄	
36	눈요기	
37	상심	
38	유추	
39	진노	
40	분주하다	

INTERVIEW ❷

비슷한 단어로 바꿔 가며 어휘 실력을 쌓았어요.

김세영 서울대 공과대학, 14학번

1. 최상위권을 위해서 국어 어휘 실력이 중요한 이유는 무엇일까요?

수능이나 내신 시험의 모든 문제는 국어로 출제됩니다. 그런데 만약 국어 어휘가 취약하다면 문제나 보기의 내용을 잘못 해석해 틀리는 경우가 종종 생겨요. 예를 들어 '지양'과 '지향'을 착각하는 경우죠.

그렇기 때문에 국어뿐만 아니라 모든 과목에서 실수를 줄이려면 국어 어휘를 공부해야 합니다. 또한 대학 입시의 구술 면접이나 논술 시험 등에서도 국어 어휘가 미치는 영향이 매우 커요. 국어 어휘력은 최상위권 성적에 필수라고 볼 수 있어요.

2. 국어 어휘 공부를 어떻게 했나요?

주로 독서를 통해 어휘를 공부했어요. 교과서에 나오는 지문이나, 평가원 등에서 시험의 지문으로 출제한 글, 도서관에서 빌린 소설을 읽으면서 어려운 한자 어휘나 헷갈리기 쉬운 어휘의 뜻을 확인해 가며 익히고 넘어갔어요. 또 시험에서는 일상생활에서 자주 쓰는 단어 대신 뜻이 같지만 어려운 단어들이 종종 출제되죠.

그래서 밥을 먹으면서, 또는 쉬는 시간에 짬짬이 단어 하나를 떠올린 뒤 그 단어와 비슷하되 아주 생소한 단어로는 어떤 것이 있을지를 떠올려 보는 연습을 했어요. 더불어 어려운 단어가 나오더라도 다른 단어로 치환해서 해석하는 연습도 많이 했어요. 이 방법은 국어 어휘뿐만 아니라 영어 단어를 공부할 때도 매우 유용했습니다.

3. 자기주도학습을 위해서 어휘력이 중요한 이유는 무엇일까요?

참고서나 교과서로 자기주도학습을 할 때는 말이 아닌 글로 내용을 이해해야 하기 때문에 어휘력이 더 중요합니다. 가령 수학 문제에 포함된 어휘를 모른다거나 잘못 해석하게 되면 기초 개념이 흔들리게 되죠. 또한 국어 어휘력은 한자어를 아는 것도 포함해요. 한자어 어휘력이 뛰어나면 과학이나 사회 과목에 나오는 어려운 한자어의 의미를 유추해 볼 수 있어서 자기주도학습의 능률이 매우 높아져요. 수능 공부를 장거리 레이스에 비유한다면, 국어 어휘력은 기초 체력이라고 말할 수 있죠!

4. 국어 어휘 실력과 성적의 상관관계는 어떠한가요?

같은 수업을 듣더라도 어휘력이 나쁘면 어휘력이 높은 학생에 비해 같은 설명을 이해하는 능력 역시 떨어져요. 처음 보는 개념에 노출되었을 때 초기 이해도부터 차이가 나기 시작하는 거죠.
또 반복 학습을 할 때, 그 개념에 대한 초기 이해도가 높다면 의미가 더 잘 와 닿기 때문에 성적의 차이로 이어집니다. 위에서 말했듯이 어휘력이 안 좋다면, 같은 참고서로 공부해도 이해하는 정도에서 차이가 나게 되니 국어 어휘 실력이 좋을수록 성적이 높을 수 있어요.

5. 국어 어휘 공부의 어려운 점은 무엇일까요?

우리나라 단어는 순우리말, 한자어, 외래어 등으로 이루어져 있어요. 그렇기 때문에 국어 어휘력을 증진시키기 위해서 한자 공부도 함께해야 하는 점이 가장 어려웠어요. 아나운서나 PD 시험을 볼 때도 가장 어려운 시험 중 하나가 국어 어휘 시험이라고 해요. 살면서 듣지도 보지도 못한 단어들이 너무 많이 존재해요. 국어 어휘를 풍부하게 하기 위해서는 신문이나 소설을 읽으면서 틈틈히 실력을 쌓아야 하겠죠.

LEVEL
3

STEP 1

STEP 2

STEP 3

STEP 4

STEP 5

1 상자 안 단어의 의미에 대하여 생각해 보고, 이해하고 있는 수준에 따라
아래 표에 단어를 분류해 보세요.

☐ 각성	☐ 기질	☐ 대세	☐ 명분	☐ 사견
☐ 시세	☐ 언저리	☐ 유보	☐ 처참	☐ 저속
☐ 필사	☐ 단서	☐ 결박	☐ 노상	☐ 대폭
☐ 무참	☐ 생채기	☐ 식솔	☐ 엄단	☐ 육성

정확하게 의미를 알고 있는 단어	들어 본 적은 있으나 의미는 정확하지 않은 단어	전혀 의미를 모르는 처음 들어 보는 단어

2 각 단어를 구성하는 한자의 뜻, 단어의 사전적 정의를 이해하고, 대화를 통해 단어의 의미를 익혀 보세요.

1 각성 : 覺醒 깨달을 각, 깰 성

– 어떤 잘못이나 사실 등을 깨달아 앎.

어젯밤에 울었어? 얼굴이 선풍기만 해.

라면 먹고 바로 자서 그래. 이제 야식 끊어야지. 아침에 거울 보고 크게 **각성**했어.

유의어 **반성, 지각, 회개**

2 기질 : 氣質 기운 기, 바탕 질

– 기력과 체질을 아울러 이르는 말.

태준이와 같은 조가 되면 느려 터져서 너무 답답해. 아무리 다그쳐도 소용이 없어.

행동이 느린 것은 태준이의 **기질**이라 고치기 힘들 거야. 그러려니 해.

유의어 **근성, 성향**

3 대세 : 大勢 클 대 , 형세 세

– 일이 진행되어 가는 결정적인 형세.

요즘은 학원에 가서 공부하는 것보다 자기주도학습이 **대세**래.

맞아. 주입식 강의보다 스스로 하는 공부가 중요하지.

유의어 **추세, 형편**

4 명분 : 名分 이름 명, 나눌 분

– 일을 꾀할 때 내세우는 구실이나 이유.

학칙을 어겼다는 **명분**으로 체벌이 허용된다면 학칙의 정당성도 인정될 수 없을 거야.

너 아까 선생님한테 꿀밤 한 대 맞더니, 화 많이 났어?

유의어 **명목**

5 사견 : 私見 사사로울 사, 볼 견

– 개인적인 혼자의 생각.

학급회의 때 태준이는 혼자만의 **사견**을 반 전체의 의견인 듯이 말해서 기분이 상해.

그래야 자기가 원하는 방향으로 의사결정이 쉽게 나니까 그렇지.

유의어 **사심**

6 시세 : 時勢 때 시, 형세 세

– ① 그 당시의 형세나 세상의 형편. ② 일정한 시기의 물건값.

🧑 나이키 조던 한정판 운동화 힘겹게 '득템'했어.

🧑 대단한걸? 시세보다 값을 더 주어도 구하기 어렵다고 하던데.

유의어 **시가**

7 언저리

– ① 둘레의 가 부분. ② 어떤 나이나 시간의 전후. ③ 어떤 수준이나 정도의 위아래.

👧 어제 체육 시간에 피구 하다가 공에 맞은 데가 아직도 욱신거려.

👧 그러고 보니 너 눈 언저리가 약간 푸르뎅뎅해. 멍든 것 같은데?

유의어 **가장자리, 근처**

8 유보 : 留保 머무를 유(류), 지킬 보

– 어떤 일을 당장 처리하지 아니하고 나중으로 미루어 둠.

👧 오늘 기술가정 수행평가 마감일이었는데 선생님이 결근하셔서 마감일이 유보됐어.

👧 나는 어제 새벽까지 숙제 했는데 무언가 억울하다.

유의어 **보류**

9 처참 : 悽慘 슬퍼할 처, 참혹할 참

– 몸서리칠 정도로 슬프고 끔찍함.

👧 목에 줄이 매인 채 버려진 유기견들의 사연을 보았는데 너무 처참해서 눈물이 났어.

👧 너처럼 강아지를 좋아하는 사람들은 정말 슬펐겠구나.

유의어 **비참, 처절, 참혹**

10 저속 : 低俗 낮을 저, 풍속 속

– 품위가 낮고 속됨.

🧑 저속한 유행이라고 냉대받던 대중문화가 이렇게 엄청난 한류를 만들어 낼 줄 어른들은 몰랐을 거야.

🧑 서태지도 처음 등장했을 때, '이건 노래도 아니다' 이런 평가를 받았다나 봐.

유의어 **저급**

11 필사 : 必死 반드시 필, 죽을 사

– 죽음을 각오할 정도로 있는 힘을 다하여.

> 필사적으로 잠을 깨 보려고 했지만, 결국 어제도 10시에 잠이 들어 버렸어.

> 너처럼 잠 많은 애도 처음 본다. 네가 무슨 신생아야? 그렇게 많이 자게.

유의어 **결사**

12 단서 : 端緒 첫 단, 실마리 서

– 어떤 문제를 해결하는 방향으로 이끌어 가는 일의 첫 부분.

> 언어영역 독해도 어려운 나한테, 영어 독해 추론 문제는 너무 어려워.

> 지문에서 문제를 해결할 수 있는 결정적 단서를 잘 찾아봐.

유의어 **단초, 실마리, 갈피**

13 결박 : 結縛 맺을 결, 얽을 박

– 몸이나 손 따위를 움직이지 못하도록 동이어 묶음.

> 깊은 바다에 추락한 헬기는 어떻게 건져 내는 것일까?

> 뉴스에서 보니까, 선체를 단단히 결박하고 해상 크레인으로 당겨 올리더라.

유의어 **포박, 속박**

14 노상 : 路上 길 노(로), 윗 상

– ① 길바닥. ② 길 가는 도중.

> 너 요즘 노량진에 가 봤어? 노상에 음식점이 엄청 많아. 완전 천국이야!

> 길거리 음식을 사 먹으러 노량진까지 갔단 말이야? 대단한 열성이다.

15 대폭 : 大幅 클 대, 폭 폭

– 큰 폭이나 범위.

> 오늘 4시부터 6시까지 게임 아이템 대폭 할인한대.

> 그 시간에는 학원 때문에 접속하기 어려운데······ .

16 무참 : 無慘 없을 무, 참혹할 참

– 몹시 끔찍하고 참혹함.

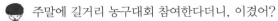 주말에 길거리 농구대회 참여한다더니, 이겼어?

아니. 무참하게 깨졌어. 우리 사이에서만 내가 '마이클 조던'이지, 밖에 나가니 호빗이야.

유의어 **비참, 잔인**

17 생채기

– 손톱 따위로 할퀴어지거나 긁혀 생긴 작은 상처.

사촌 누나가 조카를 데리고 놀러 왔는데, 세 살짜리 조카가 내 얼굴을 할퀴었어.

그래서 얼굴에 생채기가 났구나. 아기들은 잠재적 무기라고 생각하면 돼.

18 식솔 : 食率 밥 식, 거느릴 솔

– 한 집안에 딸린 구성원.

아내가 39명인 인도의 한 할아버지가 해외 토픽에 떴어.

자식과 손자를 합쳐 딸린 식솔이 180명이래. 자기 자손의 얼굴도 기억하기 어려울 것 같아.

유의어 **가족, 식구**

19 엄단 : 嚴斷 엄할 엄, 끊을 단

– 엄중히 처단함.

학부모 면담 때 음료수 한 상자 들고 갔다가, 우리 엄마가 무안을 당하셨나 봐.

불법 촌지 문제에 대해 엄단하겠다는 공문이 내려와서, 요즘 선생님들이 예민하셔.

유의어 **엄처**

20 육성 : 育成 기를 육, 이룰 성

– 어떤 일이나 인물, 대상 따위를 어떠한 목적을 전제로 가꾸어 키우거나 발전시킴.

'두산 베어스'에서는 이름 없는 신인 유망주가 계속 발굴되고 있어.

구단 자체에서 선수 기량을 육성하는 시스템이 탄탄한 것 같아.

유의어 **양육, 발육**

LEVEL 3

STEP 1
STEP 2
STEP 3
STEP 4
STEP 5

3 아래 설명된 의미의 단어를 써 보세요.

의 미	단 어
1 어떤 일을 당장 처리하지 아니하고 나중으로 미루어 둠.	
2 일이 진행되어 가는 결정적인 형세.	
3 죽음을 각오할 정도로 있는 힘을 다하여.	
4 ① 길바닥. ② 길 가는 도중.	
5 일을 꾀할 때 내세우는 구실이나 이유.	
6 어떤 잘못이나 사실 등을 깨달아 앎.	
7 어떤 문제를 해결하는 방향으로 이끌어 가는 일의 첫 부분.	
8 ① 둘레의 가 부분. ② 어떤 나이나 시간의 전후. ③ 어떤 수준이나 정도의 위아래.	
9 몸서리칠 정도로 슬프고 끔찍함.	
10 기력과 체질을 아울러 이르는 말.	
11 품위가 낮고 속됨.	
12 개인적인 혼자의 생각.	
13 손톱 따위로 할퀴어지거나 긁혀 생긴 작은 상처.	
14 몸이나 손 따위를 움직이지 못하도록 동이어 묶음.	
15 ① 그 당시의 형세나 세상의 형편. ② 일정한 시기의 물건값.	
16 한 집안에 딸린 구성원.	
17 어떤 일이나 인물, 대상 따위를 어떠한 목적을 전제로 가꾸어 키우거나 발전시킴.	
18 큰 폭이나 범위.	
19 엄중히 처단함.	
20 몹시 끔찍하고 참혹함.	

정답 15개 이상 – 다음 단계 도전!

1 상자 안 단어의 의미에 대하여 생각해 보고, 이해하고 있는 수준에 따라
아래 표에 단어를 분류해 보세요.

☐ 적개심　　　☐ 총기　　　☐ 해괴　　　☐ 고도　　　☐ 눈총

☐ 도취　　　☐ 미간　　　☐ 선도　　　☐ 실상　　　☐ 연민

☐ 윽박지르다　　☐ 정진　　　☐ 취지　　　☐ 혼절　　　☐ 골몰

☐ 늑장　　　☐ 되뇌다　　　☐ 반어　　　☐ 세태　　　☐ 심오

정확하게 의미를 알고 있는 단어	들어 본 적은 있으나 의미는 정확하지 않은 단어	전혀 의미를 모르는 처음 들어 보는 단어

2 각 단어를 구성하는 한자의 뜻, 단어의 사전적 정의를 이해하고, 대화를 통해 단어의 의미를 익혀 보세요

1 적개심 : 敵愾心 대적할 **적**, 성낼 **개**, 마음 **심**

– 적과 싸우고자 하는 마음. 또는 적에 대하여 느끼는 분노와 증오.

> 어릴 적에 자식의 의견을 일방적으로 꺾어 버리면, 부모와 세상에 대한 **적개심**을 지닌 아이로 자라난다는군.

> 너희 부모님은 그렇게 인자하신데, 너는 왜 그렇게 삐딱한 거야?

2 총기 : 聰氣 귀 밝을 **총**, 기운 **기**

– 총명한 기운. 좋은 기억력.

> 삼촌네 진돗개가 새끼를 낳았다며 한 마리 주셨어. 이름은 '진돌이'야.

> 나도 한 마리 어떻게 안 될까? **총기** 넘치는 놈으로 하나만 더 얻어 와 봐. 응?

유의어 **눈썰미**

3 해괴 : 駭怪 놀랄 **해**, 괴이할 **괴**

– 매우 괴이함. 야릇하고 괴상함.

> 요즘 공부를 많이 하다 보니 저녁마다 **해괴**한 것이 보여.

> 공부를 많이 해서가 아니라, 안 하던 공부를 갑자기 해서 그런 것 아냐?

유의어 **망측**

4 고도 : 高度 높을 **고**, 법도 **도**

– 수준이나 정도 따위가 높거나 뛰어남.

> 밤하늘을 바라보고 있으면 저 우주 어딘가에 외계인이 있을 것 같아.

> 어쩌면 인간보다 더 **고도**한 문명을 지니고 있을지도 몰라.

5 눈총

– 눈에 독기를 띠며 쏘아보는 시선.

> 입학한 지 하루 만에 우리 반 여학생 전체 전화번호를 땄다는 우리 학교의 전설이 너냐?

> 그날 이후 모든 여학생의 따뜻한 총애와 모든 남학생의 따가운 **눈총**을 받았지.

유의어 **눈초리**

6 도취 : 陶醉 질그릇 도, 취할 취

– 어떤 대상에 취한 듯 빠져들어 헤어나지 못함.

🧒 종일 이어폰을 꽂고 있다니, '인피니트'에 너무 도취되어 있는 거 아니야? 내 말 듣고 있어?

🧒 뭐라고? 미안. 못 들었어. 근데 뭐라고 한 거야?

유의어 심취

7 미간 : 眉間 눈썹 미, 사이 간

– 두 눈썹 사이.

🧒 넌 미간이 너무 넓어 앞트임 해야겠다.

🧒 어디서 내 얼굴에 지적이야? 너는 그 작은 눈으로 보는 데 지장은 없니?

8 선도 : 先導 먼저 선, 인도할 도

– 앞장서서 이끌거나 안내함.

🧒 대박 사건! 승아가 'SM' 기획사 연습생으로 들어갔대!

🧒 우와! 이제 내 친구가 한류 시장을 선도하는 탑스타가 되는 건가? 앞으로 친한 척 해야겠다.

9 실상 : 實狀 실제 실, 형상 상

– 실제의 상태나 내용. 실제로.

🧒 도희가 보기와 다르게 실상은 굉장히 따뜻한 아이인데 너희가 오해하는 것 같아.

🧒 정말이야? 옆에만 가도 찬바람이 불 것처럼 쌀쌀맞은 인상인데 정말 의외네.

유의어 속내, 내막

10 연민 : 憐憫 불쌍히 여길 연(련), 민망할 민

– 불쌍하고 가련하게 여김.

🧒 연예인들의 화려한 삶이 나는 부러워.

🧒 밥도 제대로 먹지 못하고 스케줄을 소화하는 연예인들 보면 나는 연민의 감정을 느껴.

유의어 동정

11 윽박지르다

– 심하게 짓눌러 기를 꺾다.

> 엄마는 동생 잘못은 생각도 안 하고 무조건 나만 **윽박질러**. 가출할 거야.

> 가출하면 너만 손해지. 엄마 없을 때 네가 동생을 윽박지르면 되잖아.

유의어 **짓누르다**

12 정진 : 精進 정할 정, 나아갈 진

– 힘써 나아감. 정성을 다하여 노력해 나아감.

> 벌써 3일째 야자를 실천하고 있어. 학문에 **정진**하는 나의 모습 멋지지 않니?

> 학문 좋아하시네. 야자실에서 네 코 고는 소리 때문에 다른 애들의 원성이 하늘을 찌른다.

13 취지 : 趣旨 뜻 취, 뜻 지

– 어떤 일의 근본이 되는 목적이나 긴요한 뜻.

> '김영란 법'은 왜 생긴 거야?

> '김영란 법'은 만연하고 있는 부정부패를 방지하여 깨끗한 국가와 사회를 만들자는 **취지**로 생겨난 거야.

유의어 **목적, 의도**

14 혼절 : 昏絕 어두울 혼, 끊을 절

– 정신이 아찔하여 까무러침.

> 수학여행 갔다 와서 완전 피곤했어. 너는 어땠어?

> 나는 금요일 밤에 잠들어서 일요일 아침에 깨어났어. 완전히 **혼절**했었다니까.

유의어 **기절, 실신**

15 골몰 : 汨沒 골몰할 골, 빠질 몰

– 다른 생각을 하지 않고 한 가지 일에만 정신을 다 기울여 열중함.

> 정훈이는 한번 공부를 시작하면 집중력이 대단해.

> 언젠가는 수학 문제에 **골몰**해 있었는데, 선생님이 열 번 부르셔도 전혀 못 듣더라니까.

유의어 **몰두, 탐닉**

16 늑장

— 느릿느릿 꾸물거리는 태도.

🧒 동생은 느긋한 성격이라 **늑장**을 부리고, 엄마는 급하게 다그치고, 아침마다 전쟁이야.

🧑 너도 성격이 급한 편이니, 그럼 너는 엄마를 닮았겠구나.

유의어 **딴전**

17 되뇌다

— 같은 말을 되풀이하여 말하다.

👧 시험 불안증을 어떻게 극복했어?

👧 시험 시작 전에 '침착하게!' 이 말을 열 번쯤 **되뇌었어.** 신기하게 마음이 가라앉아.

유의어 **반복하다, 뇌까리다**

18 반어 : 反語 돌아올 반, 말씀 어

— 표현의 효과를 높이기 위하여 실제와 반대되는 뜻의 말을 하는 것.

🧑 '나는 너무 못생겼고, 성격도 별로야.' 이런 것을 **반어**라고 하지. 훗.

🧑 그건 사실 진술이라고 하는 거야.

19 세태 : 世態 인간 세, 모습 태

— 사람들의 일상생활, 풍습 따위에서 보이는 세상의 상태나 형편.

🧑 '복세편살'이 무슨 말이야?

🧑 '복잡한 세상 편하게 살자'잖아. 요즘 젊은이들의 **세태**를 반영한 신조어라고!

유의어 **세파, 시국**

20 심오 : 深奧 깊을 심, 깊을 오

— 사상이나 이론 따위가 깊이가 있고 오묘함.

🧒 한문 선생님의 말씀을 이해하기 어려울 때가 있어.

🧑 맞아. 한문 선생님의 수업은 한마디 한마디가 너무 **심오**해.

LEVEL 3

STEP 1
STEP 2
STEP 3
STEP 4
STEP 5

3 아래 설명된 의미의 단어를 써 보세요.

의 미	단 어
1 눈에 독기를 띠며 쏘아보는 시선.	
2 총명한 기운. 좋은 기억력.	
3 실제의 상태나 내용. 실제로.	
4 두 눈썹 사이	
5 적과 싸우고자 하는 마음. 또는 적에 대하여 느끼는 분노와 증오.	
6 어떤 대상에 취한 듯 빠져들어 헤어나지 못함.	
7 불쌍하고 가련하게 여김.	
8 매우 괴이함, 야릇하고 괴상함.	
9 심하게 짓눌러 기를 꺾다.	
10 수준이나 정도 따위가 높거나 뛰어남.	
11 앞장서서 이끌거나 안내함.	
12 표현의 효과를 높이기 위하여 실제와 반대되는 뜻의 말을 하는 것.	
13 정신이 아찔하여 까무러침.	
14 느릿느릿 꾸물거리는 태도.	
15 힘써 나아감. 정성을 다하여 노력해 나아감	
16 같은 말을 되풀이하여 말하다.	
17 사상이나 이론 따위가 깊이가 있고 오묘함.	
18 어떤 일의 근본이 되는 목적이나 긴요한 뜻.	
19 사람들의 일상생활, 풍습 따위에서 보이는 세상의 상태나 형편.	
20 다른 생각을 하지 않고 한 가지 일에만 정신을 다 기울여 열중함.	

🔲 정답 15개 이상 – 다음 단계 도전!

1 상자 안 단어의 의미에 대하여 생각해 보고, 이해하고 있는 수준에 따라
아래 표에 단어를 분류해 보세요.

□ 열외 □ 이면 □ 종사 □ 탕진 □ 혼탁

□ 공허 □ 능사 □ 두서 □ 방종 □ 소원

□ 싹싹하다 □ 영예 □ 이질적 □ 지략 □ 토박이

□ 화사하다 □ 교각 □ 다채롭다 □ 뚝심 □ 번뇌

정확하게 의미를 알고 있는 단어	들어 본 적은 있으나 의미는 정확하지 않은 단어	전혀 의미를 모르는 처음 들어 보는 단어

2 각 단어를 구성하는 한자의 뜻, 단어의 사전적 정의를 이해하고,
대화를 통해 단어의 의미를 익혀 보세요.

---

1 열외 : 列外 벌일 열, 바깥 외

– 어떤 몫이나 축에 들지 못함.

🧑 아직도 폴더폰을 쓰다니, 넌 카톡방 만년 **열외**겠구나.

🧑 엄마가 고3 때까지는 바꿔 주지 않겠다셔.

---

2 이면 : 裏面 속 이(리), 낯 면

– 겉으로 드러나지 않는 내부의 속사정.

🧑 태준이가 아이들 앞에서는 센 척하는데, 그 **이면**에는 엄청난 소심함이 자리 잡고
있어.

🧑 소심한 사람들 중에 꼭 이렇게 반대로 행동하는 아이들이 있더라.

유의어 **속내**

---

3 종사 : 從事 좇을 종, 일 사

– 어떤 일에 마음과 힘을 다하여 일함.

🧑 요즘에는 전문직 **종사** 여성들의 비율이 높아지고 있어.

🧑 우리 사촌 누나도 유능한 의사야. 여자 선배들 중에도 잘 나가는 사람 많더라.

---

4 탕진 : 蕩盡 방탕할 탕, 다할 진

– 재물, 시간, 힘, 정열 따위를 다 써서 없앰.

🧑 너는 종손이라 친척들한테 세뱃돈 많이 받았을 것 같은데?

🧑 이미 PC방 가느라 모두 **탕진**해 버렸어. 부끄러운 종손이지.

유의어 **소비, 낭비**

---

5 혼탁 : 混濁 섞을 혼, 흐릴 탁

– 불순물이 섞이어 깨끗하지 못하고 흐림. 정치, 도덕 따위 사회적 현상이 어지럽고 깨끗하지 못함.

🧑 호수 공원에 사는 잉어들은 어떻게 그렇게 **혼탁**한 물 속에서 잘 사는 걸까?

🧑 어마어마한 생명력이야. 동양화에서도 잉어는 진흙 속에 사는 것으로 그려지잖아.

6 공허 : 空虛 빌 공, 빌 허

– 아무것도 없이 텅 빔. 실속이 없이 헛됨.

🧑 1년 동안 쫓아 다니던 진호와 드디어 사귀게 되었다며? 행복해?

🧑 행복해야 하는데, 목표했던 것을 얻고 나니까 왠지 마음이 공허해.

유의어 **허무**

7 능사 : 能事 능할 능, 일 사

– 자기에게 알맞아 잘해 낼 수 있는 일. (주로 '아니다'와 함께 쓰여) 잘하는 일.

🧑 노트 정리 다했어. 공부 끝!

🧑 노트 정리만 화려하게 하는 것이 능사가 아니야. 이제 암기해야 해!

8 두서 : 頭緖 머리 두, 실마리 서

– 일의 앞뒤가 드러나는 차례나 구별되는 갈피.

🧑 희영이와 있다 보면 이야기가 너무 두서 없어. 대체 무슨 말을 하는지 알 수가 없어.

🧑 더 큰 문제는 도무지 말을 멈출 생각을 하지 않는다는 거야.

유의어 **짜임새, 이치**

9 방종 : 放縱 놓을 방, 세로 종

– 제멋대로 행동하여 거리낌이 없음.

🧑 진짜 별꼴이야. 내가 부르고 싶어서 노래 부르겠다는데 왜 다들 난리야?

🧑 자유와 방종은 좀 구분해라. 다들 교실에서 조용한데 네가 피해를 주고 있잖아.

10 소원 : 疏遠 소통할 소, 멀 원

– 지내는 사이가 두텁지 아니하고 거리가 있어서 서먹서먹함.

🧑 너 요즘도 여친이랑 잘 지내니?

🧑 아니, 다른 고등학교로 배정되어서 잘 못 만나니까 요즘은 소원해진 것 같아.

유의어 **소외, 소격**

11 싹싹하다

– 눈치가 빠르고 사근사근하다.

😊 우리 반 반장은 정말 **싹싹한** 것 같아.

😊 그러니까 선생님들이랑 친하지. 저 성격 부럽다.

유의어 **상냥하다**

12 영예 : 榮譽 영화 영, 명예 예

– 영광스러운 명예.

😊 너 어제 '슈퍼스타K' 마지막 결승전 봤어?

😊 당연하지! 천재 기타리스트 소년이 결국 대상의 **영예**를 받았잖아. 나 완전 감동 받았어!

유의어 **광영, 영광**

13 이질적 : 異質的 다를 이(리), 바탕 질, 과녁 적

– 성질이 다른 것.

😊 우리나라와 북한의 문화는 정말 다른 것 같아.

😊 비슷한 것 같으면서도 조금씩 **이질적**이야.

14 지략 : 智略 슬기 지, 다스릴 략

– 어떤 일이나 문제를 명철하게 포착하고 분석 및 평가하여, 해결 대책을 능숙하게 세우는 뛰어난 슬기와 계략.

🙂 명절 때는 뭐 했어? 우리는 친척이 없어서 어디 가지도 못했어.

🙂 큰집에 모여서 친척끼리 보드게임을 했어. 세뱃돈을 걸고 하는 거라 고도의 **지략**이 펼쳐지지.

유의어 **모략**

15 토박이 : 土 — — 흙 토

– 대대로 그 땅에서 나서 오래도록 살아 내려오는 사람.

🙂 우리 할아버지는 경상도에서만 70년을 사셨대.

🙂 정말? 경상도 **토박이**시구나.

16 화사하다 : 華奢– – 빛날 화, 사치할 사

– 화려하게 곱다.

🧑 나도 저렇게 화사하고 밝은 꽃무늬 옷을 입고 싶은데 나한테는 안 어울려.

🧑 저런 옷은 마른 사람의 전유물이라고. 우리가 입으면 완전 뚱뚱해 보여. 포기해.

17 교각 : 橋閣 다리 교, 집 각

– 개천이나 계곡을 가로질러 놓은 다리.

👦 저기 교각까지 걸어가면 이 개천을 건널 수 있어.

👦 나도 봤어. 하지만 너무 멀어. 나는 그냥 강을 가로질러 건너갈래.

18 다채롭다 : 多彩– – 많을 다, 채색 채

– 여러 가지 색채나 형태, 종류 따위가 한데 어울리어 호화스럽다.

👦 개교 30주년을 기념해서 이번 축제에는 정말 다채로운 행사가 펼쳐진대.

👦 기대된다. 설마 아이돌 가수가 특별 공연하고 막 그러는 것 아니야?

유의어 **찬란하다**

19 뚝심

– ① 굳세게 버티거나 감당하여 내는 힘. ② 좀 미련하게 불뚝 내는 힘.

👦 기량이 많이 떨어진 선수를 계속 등판시키는 감독의 생각이 궁금해.

👦 뚝심과 믿음의 리더십!

20 번뇌 : 煩惱 번거로울 번, 괴로울 뇌

– 마음이 시달려서 괴로워함. 또는 그런 괴로움.

🧑 석가탄신일에 엄마가 절에 가서 108배를 하셨어. 힘들 것 같은데.

🧑 너 때문에 너희 어머니께서 번뇌가 많으신가 보다.

유의어 **고뇌, 번민, 고민**

3 아래 설명된 의미의 단어를 써 보세요.

의 미	단 어
1 불순물이 섞이어 깨끗하지 못하고 흐림. 정치, 도덕 따위 사회적 현상이 어지럽고 깨끗하지 못함.	
2 제멋대로 행동하여 거리낌이 없음.	
3 영광스러운 명예.	
4 어떤 일에 마음과 힘을 다하여 일함.	
5 지내는 사이가 두텁지 아니하고 거리가 있어서 서먹서먹함.	
6 아무것도 없이 텅 빔. 실속이 없이 헛됨.	
7 겉으로 드러나지 않는 내부의 속사정.	
8 일의 앞뒤가 드러나는 차례나 구별되는 갈피.	
9 재물, 시간, 힘, 정열 따위를 다 써서 없앰.	
10 자기에게 알맞아 잘해 낼 수 있는 일. (주로 '아니다'와 함께 쓰여) 잘하는 일.	
11 어떤 몫이나 축에 들지 못함.	
12 눈치가 빠르고 사근사근하다.	
13 대대로 그 땅에서 나서 오래도록 살아 내려오는 사람.	
14 화려하게 곱다.	
15 여러 가지 색채나 형태, 종류 따위가 한데 어울리어 호화스럽다.	
16 어떤 일이나 문제를 명철하게 포착하고 분석 및 평가하여, 해결 대책을 능숙하게 세우는 뛰어난 슬기와 계략.	
17 ① 굳세게 버티거나 감당하여 내는 힘. ② 좀 미련하게 불뚝 내는 힘.	
18 마음이 시달려서 괴로워함. 또는 그런 괴로움.	
19 성질이 다른 것.	
20 개천이나 계곡을 가로질러 놓은 다리.	

☺ 정답 15개 이상 - 다음 단계 도전!

1 상자 안 단어의 의미에 대하여 생각해 보고, 이해하고 있는 수준에 따라
아래 표에 단어를 분류해 보세요.

☐ 수소문	☐ 안주	☐ 오열	☐ 인지	☐ 질풍
☐ 투고	☐ 회의	☐ 궁극적	☐ 달관	☐ 막론
☐ 변별	☐ 수요	☐ 애꿎다	☐ 와중	☐ 일괄
☐ 집결	☐ 포섭	☐ 효험	☐ 기약	☐ 담수

정확하게 의미를 알고 있는 단어	들어 본 적은 있으나 의미는 정확하지 않은 단어	전혀 의미를 모르는 처음 들어 보는 단어

2 각 단어를 구성하는 한자의 뜻, 단어의 사전적 정의를 이해하고,
대화를 통해 단어의 의미를 익혀 보세요.

1 **수소문** : 搜所聞 찾을 수, 바 소, 들을 문

– 세상에 떠도는 소문을 두루 찾아 살핌.

> 우리 '진돌이'가 사라졌어. 동네 여기저기 **수소문**을 해 봐도 본 사람이 없대.

> 사진을 넣고 현상금을 걸어 주변에 안내문을 붙여 보는 것은 어때?

2 **안주** : 安住 편안 안, 살 주

– 한곳에 자리를 잡고 편안히 삶.

> 어떻게 한 학기 만에 수학 등급을 4등급에서 2등급으로 올릴 수 있었어? 부럽다.

> 다음 학기까지 노력해서 1등급 한번 찍어 봐야지. 현재 성적에 **안주**할 수 없어.

3 **오열** : 嗚咽 슬플 오, 목멜 열

– 목메어 욺. 또는 그런 울음.

> 매년 5월에는 가족의 소중함을 일깨워 주는 다큐멘터리가 많이 방영돼.

> 올해는 소아암으로 어린 딸을 먼저 보내고 **오열**하는 엄마의 이야기였어. 나도 같
> 이 울었어.

4 **인지** : 認知 알 인, 알 지

– 어떠한 사실을 분명하게 인식하여 앎.

> 우리 사촌 누나를 보면 세 살짜리 조카 교육에 너무 많은 돈을 쓰는 것 같아. 유
> 아 **인지** 능력 향상에 도움이 된다나.

> 아이들은 그냥 자유롭게 놀아야 좋은 것 아냐?

유의어 **의식, 지각, 인식**

5 **질풍** : 疾風 병 질, 바람 풍

– 몹시 빠르고 거세게 부는 바람.

> 어제 '아시안컵'에서 차두리 선수가 드리블하는 모습 봤어?

> 수비수 네 명을 제치고 **질풍**처럼 달리는데, 정말 멋있었어. 은퇴하기는 아직 이
> 른 듯한데.

유의어 **돌풍**

6 투고 : 投稿 던질 투, 원고 고

– 의뢰를 받지 아니한 사람이 신문이나 잡지 따위에 실어 달라고 원고를 써서 보냄.

이번에 학교 신문에 학생 백일장 대상 작품이 실렸어.

문학 선생님이 심사를 하셨는데 **투고**된 작품이 너무 많아서 읽느라 고생하셨어.

유의어 **기고**

7 회의 : 懷疑 품을 회, 의심할 의

– 의심을 품음. 또는 마음속에 품고 있는 의심.

영미한테 비밀을 털어놓았는데, 곧 다른 아이들한테 그 얘기가 다 퍼졌어. 이럴 때는 친구 사이의 우정에 대한 **회의**가 들어.

속상하겠다. 정말 친한 친구가 아니면 비밀 얘기는 조심해야 할 것 같아.

8 궁극적 : 窮極的 다할 궁, 극진할 극, 과녁 적

– 더할 나위 없는 지경에 도달함.

공부를 하는 **궁극적** 목적이 과연 좋은 대학을 들어가는 것일까?

공부를 하는 목적까지는 아니겠지만, 대입에 도전하는 수험생의 1차적 목적 정도는 되겠지.

9 달관 : 達觀 통달할 달, 볼 관

– 사소한 사물이나 일에 얽매이지 않고 세속을 벗어난 활달한 식견이나 인생관에 이름.

점수 1점이 뭐 그렇게 중요하겠니. 진정한 행복은 마음 먹기에 달린 거란다.

성적표 받고 나더니 인생 **달관**한 사람처럼 구는군. 시험 망쳤구나?

유의어 **통달, 초월**

10 막론 : 莫論 없을 막, 논의할 론

– 가리지 않고 말함.

동서고금을 **막론**하고 역사 속에는 라이벌을 제거하기 위한 수많은 모략들이 등장하지.

그것이 역사 소설을 읽는 또 다른 재미 아니겠어?

유의어 **불문**

11 변별 : 辨別 분별할 변, 나눌 별

– 사물의 옳고 그름이나 좋고 나쁨을 가림.

이렇게 수능 문제가 쉽게 나오면 상위권과 최상위권을 전혀 **변별**할 수 없게 돼.

언제쯤 입시 제도가 안정화될 수 있을지. 그나저나 하위권인 너는 별 상관 없잖아?

유의어 **분간, 식별**

12 수요 : 需要 쓸 수, 요긴할 요

– 어떤 재화나 용역을 일정한 가격으로 사려고 하는 욕구.

이번 축제 때 우리 반은 홍차 카페를 할까 하는데, **수요**가 많이 있을까?

5월이니까 따뜻한 차보다는 시원한 음료수를 싸게 파는 것이 더 낫지 않겠어?

13 애꿎다

– ① 아무런 잘못 없이 억울하다. ② 그 일과는 아무런 상관이 없다.

너 왜 **애꿎은** 동생한테 화풀이하니?

어른들이 안 보는 곳에서는 얼마나 깐족거린다고. 알지도 못하면서.

14 와중 : 渦中 소용돌이 와, 가운데 중

– ① 흐르는 물이 소용돌이치는 가운데.
② (흔히 '와중에' 꼴로 쓰여) 일이나 사건 따위가 시끄럽고 복잡하게 벌어지는 가운데.

그렇게 바쁜 **와중**에도 아침 식사는 꼬박꼬박 한다니, 너 정말 대단하다.

씻는 것을 포기하고 먹는 것을 택하면 돼. 아침 식사는 중요하다고.

15 일괄 : 一括 한 일, 묶을 괄

– 개별적인 여러 가지 것을 한데 묶음.

소풍 때 찍은 사진 100장을 우리 반 카페에 올리려 하는데 용량이 너무 커서 안 올라가.

'포토 스케이프'에서 모든 사진을 **일괄**적으로 크기 조정할 수 있을 거야.

16 집결 : 集結 모일 집, 맺을 결

– 한군데로 모이거나 모여 뭉침.

　　베이징에서 열리는 한류 축제에 아이돌 86명이 출연한대.

　　어마어마한 관중이 **집결**되겠군. 중국은 우리나라와 스케일이 다르던데.

　유의어 **밀집**

17 포섭 : 包攝 쌀 포, 잡을 섭

– 상대를 허용하여 받아들임. 포괄하여 자기편에 가담시킴.

　　태도 왕건이 지방의 호족을 **포섭**하기 위한 정책으로는 무엇이 있었어?

　　호족의 딸과 결혼하는 일과 호족들에게 왕씨 성을 하사하는 정책이 그것이지.

18 효험 : 效驗 본받을 효, 시험할 험

– 일의 좋은 보람. 또는 어떤 작용의 결과.

　　매일 책상에 앉아만 있으니 변비가 심해졌어. 수험생의 또 다른 고통이지.

　　변비에는 녹즙이 **효험**이 있다던데, 한번 먹어 보지 그래?

　유의어 **효능, 효력**

19 기약 : 期約 기약할 기, 맺을 약

– 때를 정하여 약속함. 또는 그런 약속.

　　오리털 코트야, 안녕. 봄이 되니 너와는 이별이구나. 겨울에 다시 만날 날을 **기약**하자.

　　가끔 너를 보면 정상이 아닌 것 같다는 생각이 든다, 친구야.

20 담수 : 淡水 맑을 담, 물 수

– 민물(강이나 호수 따위와 같이 염분이 없는 물).

　　이번에 홍수가 나면서 많은 양의 **담수**가 바다로 유입되었대.

　　그럼 바닷물 마셔도 덜 짜려나? 헤헤.

3 아래 설명된 의미의 단어를 써 보세요.

의 미	단 어
1 몹시 빠르고 거세게 부는 바람.	
2 의심을 품음. 또는 마음속에 품고 있는 의심.	
3 어떠한 사실을 분명하게 인식하여 앎.	
4 의뢰를 받지 아니한 사람이 신문이나 잡지 따위에 실어 달라고 원고를 써서 보냄.	
5 한곳에 자리를 잡고 편안히 삶.	
6 ① 아무런 잘못 없이 억울하다. ② 그 일과는 아무런 상관이 없다.	
7 목메어 욺. 또는 그런 울음.	
8 사물의 옳고 그름이나 좋고 나쁨을 가림.	
9 사소한 사물이나 일에 얽매이지 않고 세속을 벗어난 활달한 식견이나 인생관에 이름.	
10 더할 나위 없는 지경에 도달함.	
11 세상에 떠도는 소문을 두루 찾아 살핌.	
12 개별적인 여러 가지 것을 한데 묶음.	
13 가리지 않고 말함.	
14 ① 흐르는 물이 소용돌이치는 가운데. ② (흔히 '와중에' 꼴로 쓰여) 일이나 사건 따위가 시끄럽고 복잡하게 벌어지는 가운데.	
15 어떤 재화나 용역을 일정한 가격으로 사려고 하는 욕구.	
16 때를 정하여 약속함. 또는 그런 약속.	
17 상대를 허용하여 받아들임. 포괄하여 자기편에 가담시킴.	
18 한군데로 모이거나 모여 뭉침.	
19 민물(강이나 호수 따위와 같이 염분이 없는 물).	
20 일의 좋은 보람. 또는 어떤 작용의 결과.	

정답 15개 이상 – 다음 단계 도전!

1 상자 안 단어의 의미에 대하여 생각해 보고, 이해하고 있는 수준에 따라
아래 표에 단어를 분류해 보세요.

□ 만감　　□ 부진　　□ 숙고　　□ 야속　　□ 왈가왈부

□ 작열　　□ 참사　　□ 풍자　　□ 흉측　　□ 기왕

□ 당위성　□ 망측　　□ 분별　　□ 승화　　□ 어귀

□ 원성　　□ 장관　　□ 채비　　□ 풍채　　□ 모면

정확하게 의미를 알고 있는 단어	들어 본 적은 있으나 의미는 정확하지 않은 단어	전혀 의미를 모르는 처음 들어 보는 단어

2 각 단어를 구성하는 한자의 뜻, 단어의 사전적 정의를 이해하고,
대화를 통해 단어의 의미를 익혀 보세요.

1 만감 : 萬感 일만 만, 느낄 감

– 솟아오르는 여러 생각이나 느낌.

> 정말 이제 수능이 끝난 것인가? 믿어지지 않는다.

> 3년 내내 이날만을 기다렸는데, 막상 시험이 끝나고 나니 **만감**이 교차한다.

2 부진 : 不振 아니 부, 떨칠 진

– 어떤 일이 이루어지는 기세나 힘 따위가 활발하지 아니함.

> 새로 나온 '겔럭시6' 판매량이 생각보다 **부진**한 이유가 뭐야? 디자인은 예쁘던데?

> 잘 모르겠지만, 너무 '아이폰'을 따라 한 것 같아. 게다가 배터리도 일체형이야.

3 숙고 : 熟考 익을 숙, 살필 고

– 곰곰 잘 생각함. 아주 자세히 참고함.

> 학교와 전공을 선택할 때는 여러 측면으로 **숙고**해서 지혜로운 결론을 내려야 해.

> 대부분 점수와 경쟁률에 맞추다 보니 많은 반수생들이 생겨나는 것이지.

유의어 **숙려**

4 야속 : 野俗 들 야, 풍속 속

– 무정한 행동이나 그런 행동을 한 사람이 섭섭하게 여겨져 언짢음.

> 네 인생인데 네가 알아서 준비하고, 대학 가서도 부모한테 기댈 생각 말라고, 어제 엄마께서 냉정하게 말씀하셨어.

> 맞는 말씀이기는 하지만, 들을 때는 엄청 **야속**했겠다.

5 왈가왈부 : 曰可曰否 가로 왈, 옳을 가, 가로 왈, 아닐 부

– 어떤 일에 대하여 옳거니 옳지 아니하거니 하고 말함.

> 도저히 용납할 수 없어. 나보다 더 노래 못하는 애들이 가창 실기 점수를 더 잘 받다니.

> 그건 음악 선생님의 고유 권한이어서 우리가 **왈가왈부**해 봐야 소용없어.

유의어 **가타부타**

6　작열 : 灼熱　불사를 **작**, 더울 **열**

– 불 따위가 이글이글 뜨겁게 타오름.

　　🧑 나 깨달은 게 있어, 인생은 혼자 사는 거야.

　　🧑 뭐래? 중2병 **작열**한다.

7　참사 : 慘事　참혹할 **참**, 일 **사**

– 비참하고 끔찍한 일.

　　🧑 넌 이번 스피치 주제를 뭐로 할 생각이야?

　　🧑 나는 세월호 **참사**에 대하여 얘기해 보려고 해.

8　풍자 : 諷刺　풍자할 **풍**, 찌를 **자**

– 무엇에 빗대어 재치 있게 비웃으면서 비판함.

　　🧑 〈봉산탈춤〉과 같은 민속극에는 양반에 대한 날카로운 **풍자**가 담겨 있어.

　　🧑 특히 '말뚝이'는 능청맞은 말솜씨로 양반을 철저하게 조롱하는 인물이야.

　　유의어 **풍유**

9　흉측 : 凶測　흉할 **흉**, 헤아릴 **측**

– 몹시 흉악함.

　　🧑 어제 엄청 **흉측**하게 생긴 괴물이 나오는 영화를 봤어.

　　🧑 난 그런 것을 보고 나면, 꼭 꿈에 나와서 못 보겠던데, 너는 용감하다.

10　기왕 : 旣往　이미 **기**, 갈 **왕**

– 이미 지나간 이전.

　　🧑 너무 시간이 늦었는데, 그냥 집으로 돌아가자.

　　🧑 **기왕** 콘서트장까지 왔는데, 좀만 더 기다렸다가 싸인 받고 가자.

　　유의어 **이왕, 어차피**

11　당위성 : 當爲性　마땅 **당**, 할 **위**, 성품 **성**

– 마땅히 그렇게 하거나 되어야 할 성질.

　　🧑 담배가 몸에 해롭다는 이유로 담뱃값을 두 배나 올리는 게 **당위성** 있는 일일까?

　　🧑 우리 아빠도 담뱃값이 올랐지만 금연할 마음은 전혀 없으셔. 지출만 늘어날 뿐.

12 망측 : 罔測 그물 망, 헤아릴 측

- 정상적인 상태에서 어그러져 어이가 없거나 차마 보기가 어려움.

🧒 주말에 엄마랑 모처럼 시내에서 영화 보고 왔다.

👧 우리 엄마는 요즘 아이들 옷차림이 **망측**하다며 계속 화를 내셔서 같이 못 다녀.

유의어 **괴상, 해괴**

13 분별 : 分別 나눌 분, 나눌 별

- 서로 다른 일이나 사물을 구별하여 가름.

🧒 서점에 가면 참고서 종류가 너무 많아서 어떤 것을 사야 할지 판단하기 어려워.

🧑 학습 전략을 짤 때에는 나에게 딱 맞는 교재를 **분별**할 수 있는 안목도 필요해.

유의어 **변별**

14 승화 : 昇華 오를 승, 빛날 화

- 어떤 현상이 더 높은 상태로 발전하는 일.

🧑 뼈 아픈 굴욕을 위대한 작품으로 **승화**시킨 '사마천'은 정말 위대한 역사가야.

🧑 아직도 중국 역사상 가장 빼어난 역사서로 『사기』를 꼽는다는군.

15 어귀

- 드나드는 목의 첫머리.

👧 여기 근처에 편의점 없나? 목말라.

👧 시장 골목 **어귀**에 있어. 들렀다 가자!

유의어 **초입**

16 원성 : 怨聲 원망할 원, 소리 성

- 원망하는 소리.

👧 학생부장 선생님은 너무 깐깐하고 고지식해.

👧 오늘 아침에도 교문에서 자로 치마 길이 재는 바람에 여학생들의 **원성**이 자자했어.

유의어 **비난**

17 장관 : 壯觀 장할 장, 볼 관

– 훌륭하고 장대한 광경.

🧑 주말에 안면도 대하 축제에 다녀왔는데 날씨가 좋아서인지, 일몰이 장관이었어.

🧑 멋진 풍경보다, 싱싱한 대하를 먹고 왔다는 것이 더 부럽네.

18 채비

– 어떤 일이 되기 위하여 필요한 물건, 자세 따위가 미리 갖추어져 차려지거나 그렇게 되게 함.

🧑 일요일 새벽마다 아빠가 등산 갈 채비를 마치시고 나를 깨우셔.

🧑 일요일은 무엇보다 늦잠을 자야 제맛인데, 진짜 괴롭겠다.

유의어 **준비**

19 풍채 : 風采 바람 풍, 풍채 채

– 사람의 드러나 보이는 의젓한 겉모양.

🧑 새로 오신 체육 선생님한테 여학생들의 관심이 집중되고 있어.

🧑 근육질의 풍채 좋은 미남 총각 선생님이니 모든 것을 갖췄다고 봐야지.

20 모면 : 謀免 꾀 모, 면할 면

– 어떤 일이나 책임을 꾀를 써서 벗어남.

🧑 어제 체력장을 했더니 저질 체력이라 온몸이 욱신거려.

🧑 나는 턱으로 버텨서 매달리기 빵점을 겨우 모면했어. 아직도 턱이 아파.

유의어 **회피, 기피**

3 아래 설명된 의미의 단어를 써 보세요.

의 미	단 어
1 곰곰 잘 생각함. 아주 자세히 참고함.	
2 불 따위가 이글이글 뜨겁게 타오름.	
3 무정한 행동이나 그런 행동을 한 사람이 섭섭하게 여겨져 언짢음.	
4 무엇에 빗대어 재치 있게 비웃으면서 비판함.	
5 어떤 일이 이루어지는 기세나 힘 따위가 활발하지 아니함.	
6 비참하고 끔찍한 일.	
7 어떤 일에 대하여 옳거니 옳지 아니하거니 하고 말함.	
8 마땅히 그렇게 하거나 되어야 할 성질.	
9 이미 지나간 이전.	
10 어떤 현상이 더 높은 상태로 발전하는 일.	
11 몹시 흉악함.	
12 솟아오르는 여러 생각이나 느낌.	
13 훌륭하고 장대한 광경.	
14 사람의 드러나 보이는 의젓한 겉모양.	
15 정상적인 상태에서 어그러져 어이가 없거나 차마 보기가 어려움.	
16 어떤 일이나 책임을 꾀를 써서 벗어남.	
17 드나드는 목의 첫머리.	
18 서로 다른 일이나 사물을 구별하여 가름.	
19 원망하는 소리.	
20 어떤 일이 되기 위하여 필요한 물건, 자세 따위가 미리 갖추어져 차려지거나 그렇게 되게 함.	

정답 15개 이상 - 다음 단계 도전!

135

1 다음 뜻에 알맞은 단어를 서로 연결하시오.

① 식솔　　　　　이미 지나간 이전.

② 번뇌　　　　　한 집안에 딸린 구성원.

③ 인지　　　　　드나드는 목의 첫머리.

④ 기왕　　　　　어떠한 사실을 분명하게 인식하여 앎.

⑤ 어귀　　　　　마음이 시달려서 괴로워함. 또는 그런 괴로움.

2 제시된 초성을 참고하여 단어의 뜻풀이를 완성하시오.

① 명분 – 일을 꾀할 때 내세우는 (ㄱㅅ)이나 (ㅇㅇ).

② 회의 – (ㅇㅅ)을 품음. 또는 마음속에 품고 있는 (ㅇㅅ).

③ 연민 – (ㅂㅆ)하고 (ㄱㄹ)하게 여김.

④ 심오 – 사상이나 이론 따위가 (ㄱㅇ)가 있고 (ㅇㅁ)함.

3 단어의 정의를 생각하며 다음 한자의 의미를 쓰시오.

① 각성 : 覺(　　　) 醒(　　　) – 어떤 잘못이나 사실 등을 깨달아 앎.

② 이면 : 裏(　　　) 面(　　　) – 겉으로 드러나지 않는 내부의 속사정.

③ 단서 : 端(　　　) 緒(　　　) – 어떤 문제를 해결하는 방향으로 이끌어 가는 일의 첫 부분.

4 다음의 글자들을 조합하여 뜻풀이에 알맞은 어휘를 쓰시오.

진	상	유	산	중	경	태	문	당	위	성	광
순	재	보	골	몰	잔	안	주	예	연	혼	탁

①(   ) – 한곳에 자리를 잡고 편안히 삶.

②(   ) – 어떤 일을 당장 처리하지 아니하고 나중으로 미루어 둠.

③(   ) – 다른 생각을 하지 않고 한 가지 일에만 정신을 다 기울여 열중함.

④(   ) – 불순물이 섞이어 깨끗하지 못하고 흐림. 정치, 도덕 따위 사회적 현상이 어지럽고 깨끗하
지 못함.

⑤(   ) – 마땅히 그렇게 하거나 되어야 할 성질.

5 예시문의 ( )에 들어갈 알맞은 말을 〈보기〉에서 찾아 쓰시오.

변별 정진 궁극적 숙고 두서

① 온갖 유혹을 멀리하고 학업에만 (   )하던 그는 마침내 세계 최고의 석학이 되었다.

② 신중하게 (   )한 끝에 그는 진로에 대한 최종 결정을 내렸다.

③ 너무 심하게 취해서 그는 발음이 꼬이고 말에 (   )가 없었다.

④ 순수 학문의 (   )인 목적은 진리의 탐구에 있다.

⑤ 모조 기술이 발달해서 요즘에는 가짜 명품과 진짜를 (   )하기 어렵다.

📝 아래 단어의 의미를 이해하고 짧은 글짓기를 해 보시오.

1	각성	
2	명분	
3	언저리	
4	유보	
5	결박	
6	대폭	
7	무참	
8	식솔	
9	총기	
10	눈총	
11	미간	
12	연민	
13	취지	
14	골몰	
15	늑장	
16	심오	
17	이면	
18	혼탁	

19	능사	
20	소원	
21	이질적	
22	토박이	
23	다채롭다	
24	뚝심	
25	안주	
26	질풍	
27	회의	
28	달관	
29	변별	
30	애꿎다	
31	포섭	
32	기약	
33	부진	
34	야속	
35	작열	
36	기왕	
37	분별	
38	어귀	
39	채비	
40	모면	

INTERVIEW ❸

영어 공부도
국어 어휘 실력이 바탕!

임희진 서울대 사범대학, 14학번

1.
최상위권 성적을
위해서
국어 어휘 실력이
중요한 이유는
무엇일까요?

교과서도, 시험 문제도 모두 국어로 쓰여 있어요. 때문에 국어 실력이 갖춰져 있지 않으면 교과 내용을 이해하는 것은 물론 시험 문제를 푸는 것도 어려울 수밖에 없어요. 특히 배점이 높은 문제의 경우 단어의 미묘한 차이로 문제를 틀리게 만들기도 하죠.

게다가 언어 교육에 관한 연구에 따르면 제2언어 실력은 모국어 실력을 뛰어넘을 수 없다고 하더라고요. 영어나 외국어 학습에 있어서도 국어 실력이 바탕이 되기 때문에 국어 어휘 실력은 매우 중요합니다.

2.
국어
어휘 공부를
어떻게
했나요?

국어는 영어 어휘를 외우듯이 사전을 찾아 가며 외워서 공부하기가 어려워요. 따라서 다양한 어휘를 자주, 자연스럽게 접할 수 있도록 많은 글을 접하는 것이 중요해요.

저는 어릴 때부터 책 읽기를 좋아했고 중고등학교 때는 신문을 접하면서 다양한 분야의 어휘를 익힐 수 있었어요.

또 우리말에는 한자 어휘가 많기 때문에 한자를 공부하는 것도 어휘 실력에 도움이 됩니다. 한자를 쓸 수는 없더라도 한자의 음과 뜻을 알고 있으면 어휘 뜻을 유추해 내는 데 큰 도움이 되니까요.

140

3.
자기주도학습을 위해서 어휘력이 중요한 이유는 무엇일까요?

학교 수업 등 다른 사람이 설명해 주는 것을 듣고 공부할 때는 어려운 내용도 쉽게 알아들을 수 있죠. 하지만 누군가의 도움 없이 스스로 공부할 때는 상황이 다르죠. 혼자서 지문을 읽고 해석해 내야 합니다. 따라서 어휘력이 부족하면 학습 내용을 제대로 해석하고 이해할 수 없어요. 자기주도학습을 위해서 어휘력은 꼭 필요합니다.

4.
국어 어휘 실력과 성적의 상관관계는 어떠한가요?

국어 어휘 실력이 성적을 반드시 올린다는 보장은 없어요. 하지만 국어 어휘 실력이 낮은 학생이 높은 성적을 받기란 매우 어려운 일입니다. 어휘 실력이 낮은 학생들은 학습 내용을 이해하는 단계에서부터 어려움을 겪기 때문에 공부에 대한 흥미를 느끼기 어렵고, 문제를 해결하는 것은 더더욱 어려워지니까요. 학년이 올라갈수록 튼튼한 어휘력이 바탕이 되지 않으면 더 큰 어려움을 겪게 됩니다.

5.
국어 어휘 공부의 어려운 점은 무엇일까요?

영어 어휘는 수능이나 교과 과정에서 나오는 어휘가 한정되어 있어요. 반면에 국어 어휘는 범위가 한정되어 있지 않습니다. 그래서 솔직히 어디에서 시작해서 어디까지 공부해야 할지가 막막했어요. 또한 영어 어휘 공부에 대한 필요성만큼 국어 어휘 공부에 대한 필요성이 강조되고 있지 않아요. 그래서 국어 어휘 공부의 필요성을 늦게 안 것이 힘든 점 중 하나였어요.

LEVEL

4

STEP 1

STEP 2

STEP 3

STEP 4

STEP 5

1 상자 안 단어의 의미에 대하여 생각해 보고, 이해하고 있는 수준에 따라
아래 표에 단어를 분류해 보세요.

☐ 결행　　☐ 야기　　☐ 정적　　☐ 홍일점　　☐ 급기야

☐ 등한시　☐ 봉양　　☐ 심혈　　☐ 융숭　　☐ 책망

☐ 팽배　　☐ 손색　　☐ 고결　　☐ 여건　　☐ 조아리다

☐ 활보　　☐ 기동력　☐ 망발　　☐ 부산스럽다　☐ 아류

정확하게 의미를 알고 있는 단어	들어 본 적은 있으나 의미는 정확하지 않은 단어	전혀 의미를 모르는 처음 들어보는 단어

LEVEL 4

STEP 1
STEP 2
STEP 3
STEP 4
STEP 5

2 각 단어를 구성하는 한자의 뜻, 단어의 사전적 정의를 이해하고,
대화를 통해 단어의 의미를 익혀 보세요

1 **결행** : 決行 결단할 **결**, 다닐 **행**

– 어떤 일이 있더라도 변함이 없을 듯한 기세로 결단하여 실행함.

> 우리 형이 마침내 무단 가출을 **결행**했어.

> 너희 그 무서운 일진 형 말이야? 부모님께서 화 많이 나셨겠다.

유의어 **단행, 실행, 감행, 실시**

2 **야기** : 惹起 이끌 **야**, 일어날 **기**

– 일이나 사건 따위를 끌어 일으킴.

> 자꾸 바뀌는 입시 제도가 우리 같은 학생들에게 큰 혼란을 **야기**했어.

> 우리 엄마는 요즘 매일 온갖 입시 설명회만 따라다니셔.

유의어 **발생, 생성, 도발**

3 **정적** : 靜寂 고요할 **정**, 고요할 **적**

– 고요하여 괴괴함.

> 어제 너희 동네도 정전되었니?

> 말도 마. 심장 멎을 뻔했어. 아파트 입구에서 **정적**을 깨고 고양이가 쑥 나왔다니까.

유의어 **정막**

4 **홍일점** : 紅一點 붉을 **홍**, 하나 **일**, 점 찍을 **점**

– 많은 남자 사이에 끼어 있는 한 사람의 여자를 비유적으로 이르는 말.

> 우리 로봇연구부에서 어제 1학년 면접을 봤는데, 어떤 여학생이 지원했어.

> 그 애가 붙으면 **홍일점**이 되겠다.

5 **급기야** : 及其也 미칠 **급**, 그 **기**, 어조사 **야**

– 마지막에 가서는.

> 너희 동생이 요즘 요리에 푹 빠졌다면서?

> 요즘에는 매일 TV로 요리 프로그램만 보더니, **급기야** 요리학원에 등록했어.

유의어 **마침내**

6   등한시 : 等閑視 등급 등, 한가할 한, 볼 시

– 무관심하거나 소홀하게 보아 넘김.

예체능 계열이라고 해서 국영수 공부를 **등한시**해서는 안돼.

나도 알아. 그러니까 더 피곤해 죽을 지경이야.

유의어 **무시**

7   봉양 : 奉養 받들 봉, 기를 양

– 부모나 조부모와 같은 웃어른을 받들어 모심.

너는 맏아들이라 부모님의 기대가 크겠구나.

봉양은 바라지도 않으신대. 제 앞가림만 잘해도 효도라고 하셔.

유의어 **공양**

8   심혈 : 心血 마음 심, 피 혈

– 마음과 힘을 아울러 이르는 말.

너 이번 '기가' 수행평가 바느질한 것, 만점 받았다며?

그럼. 한 땀 한 땀 **심혈**을 기울여 만들었어.

유의어 **정성, 치성, 성심, 성의**

9   융숭 : 隆崇 높을 융(륭), 높을 숭

– 대우하는 태도가 정중하고 극진함.

정훈이를 집에 데려갔더니 엄마가 공부 잘하는 친구라며 **융숭**하게 대접해 주셨어.

와! 치사하다. 지난번에 내가 갔을 때는 주스 한 잔 주시더니!

10   책망 : 責望 꾸짖을 책, 바랄 망

– 잘못을 꾸짖거나 나무라며 못마땅하게 여김.

너 또 공부 안 하고 PC방 간 거야?

엄마는 왜 나만 **책망**해? 엄마가 집에서 친구 모임 하는 바람에 피신한 거잖아.

유의어 **힐난, 문책**

146

11 **팽배** : 澎湃 물소리 팽, 물결칠 배
- 큰 물결이 맞부딪쳐 솟구침. 어떤 기세나 사조 따위가 매우 거세게 일어남.

 요즘 문과반과 이과반이 경쟁하려는 분위기가 **팽배**해진 듯!

모의고사 최고 점수가 문과에서 나오는지, 이과에서 나오는지 내기도 하던데.

12 **손색** : 遜色 겸손할 손, 빛 색
- (주로 '없다'와 함께 쓰여) 다른 것과 견주어 보아 못한 점.

너 아직도 2G폰 쓰냐? 안 창피해?

전혀. '레어템'이야. 문자랑 전화하는 기능은 스마트폰과 비교해도 **손색**이 없는걸.

13 **고결** : 高潔 높을 고, 깨끗할 결
- 성품이 고상하고 깨끗함.

왜 결혼식에서 신부는 하얀 드레스를 입을까?

뭐랄까, 나처럼 순수하고 **고결**한 이미지를 강조하기 위해서지.

유의어 **고매, 고아**

14 **여건** : 與件 줄 여, 조건 건
- 주어진 조건.

우리 집은 공부하기에 방해물이 너무 많아.

핑계 없는 무덤 없대. 주어진 **여건**에서 최선을 다하는 것이 중요하지.

유의어 **상황, 입장, 형편, 처지**

15 **조아리다**
- 상대편에게 존경의 뜻을 보이거나 애원하느라고 이마가 바닥에 닿을 정도로 머리를 자꾸 숙이다.

너 어제 왜 교무실 앞에서 머리를 **조아리고** 서 있었니?

일주일 내내 지각해서 선생님께 불려 갔어.

유의어 **굽히다**

16 **활보** : 闊步 넓을 **활**, 걸음 **보**

– 큰 걸음으로 힘차고 당당하게 걸음.

> 어젯밤에 집에 오다가, 놀이터에서 길고양이 여러 마리를 봤어.

> 요즘 이 주변에 길고양이들이 엄청 많이 **활보**하고 다니더라.

17 **기동력** : 機動力 틀 **기**, 움직일 **동**, 힘 **력**

– 상황에 따라 재빠르게 움직이거나 대처하는 능력.

> 얘들아. 다음 수업은 체육이야. 운동장에 집합이야.

> 5분밖에 안 남았네. 매점에 들렀다 가려면 **기동력** 있게 움직여야겠다!

18 **망발** : 妄發 망령될 **망**, 필 **발**

– 망령이나 실수로 그릇된 말이나 행동을 함.

> 어제 교회 전도사님이 나한테 김태희 닮았다 그러셨어.

> 헐, 믿음 있으신 분이 어찌 그런 **망발**을!

유의어 **실언, 망언**

19 **부산스럽다**

– 급하게 서두르거나 시끄럽게 떠들어 어수선함.

> PC방 가서 '서든어택' 한판 할까?

> 지금은 초딩들이 많은 시간이라 **부산스러워서** 집중이 안 돼. 나중에 가자.

유의어 **분주하다, 어수선하다**

20 **아류** : 亞流 버금 **아**, 흐를 **류**

– 둘째가는 사람이나 사물.

> 도대체 '허니버터칩'은 어디서 구할 수 있는 거야?

> 원조는 만나기 어렵고 대신 온갖 **아류** '허니버터칩'들이 마트를 장악하고 있지.

148

3 아래 설명된 의미의 단어를 써 보세요.

의 미	단 어
1 부모나 조부모와 같은 웃어른을 받들어 모심.	
2 고요하여 괴괴함.	
3 마지막에 가서는.	
4 일이나 사건 따위를 끌어 일으킴.	
5 많은 남자 사이에 끼어 있는 한 사람의 여자를 비유적으로 이르는 말.	
6 대우하는 태도가 정중하고 극진함.	
7 무관심하거나 소홀하게 보아 넘김.	
8 마음과 힘을 아울러 이르는 말.	
9 (주로 '없다'와 함께 쓰여) 다른 것과 견주어 보아 못한 점.	
10 잘못을 꾸짖거나 나무라며 못마땅하게 여김.	
11 상황에 따라 재빠르게 움직이거나 대처하는 능력.	
12 급하게 서두르거나 시끄럽게 떠들어 어수선함.	
13 어떤 일이 있더라도 변함이 없을 듯한 기세로 결단하여 실행함.	
14 큰 물결이 맞부딪쳐 솟구침. 어떤 기세나 사조 따위가 매우 거세게 일어남.	
15 둘째가는 사람이나 사물.	
16 주어진 조건.	
17 성품이 고상하고 깨끗함.	
18 상대편에게 존경의 뜻을 보이거나 애원하느라고 이마가 바닥에 닿을 정도로 머리를 자꾸 숙이다.	
19 망령이나 실수로 그릇된 말이나 행동을 함.	
20 큰 걸음으로 힘차고 당당하게 걸음.	

정답 15개 이상 - 다음 단계 도전!

1 상자 안 단어의 의미에 대하여 생각해 보고, 이해하고 있는 수준에 따라
아래 표에 단어를 분류해 보세요.

☐ 은폐   ☐ 처분   ☐ 표명   ☐ 바투   ☐ 여력

☐ 종속   ☐ 훈육   ☐ 난해   ☐ 면밀히   ☐ 불후

☐ 아우르다   ☐ 의당   ☐ 초빙   ☐ 표방   ☐ 백방

☐ 오롯이   ☐ 질펀하다   ☐ 겨를   ☐ 능욕   ☐ 문책

정확하게 의미를 알고 있는 단어	들어 본 적은 있으나 의미는 정확하지 않은 단어	전혀 의미를 모르는 처음 들어 보는 단어

2 각 단어를 구성하는 한자의 뜻, 단어의 사전적 정의를 이해하고,
대화를 통해 단어의 의미를 익혀 보세요.

---

1   **은폐** : **隱蔽** 숨을 은, 덮을 폐

   – 덮어 감추거나 가리어 숨김.

     무슨 일 있었니? 표정이 너무 안 좋아.

     희영이는 무슨 일이 생기면 자기 실수는 **은폐**하고 나한테 뒤집어씌워.

   유의어 **은닉**

2   **처분** : **處分** 곳 처, 나눌 분

   – 처리하여 치움.

     요즘 학교는 왕따 문제에 대해서 너무 강경하고 성급하게 대처하는 것 같아.

     가해자에 대한 퇴학 **처분**만이 유일한 방법일까?

   유의어 **매각, 정리**

3   **표명** : **表明** 겉 표, 밝을 명

   – 드러내 보여서 명백히 함.

     요즘 희영이가 사사건건 내 의견에 반대 의사를 **표명**해.

     뭔가 너에게 맺힌 것이 있는 것 같다. 왜 그러냐고 솔직하게 물어봐.

   유의어 **선언**

4   **바투**

   – 두 대상이나 물체의 사이가 썩 가깝게. 시간이나 길이가 아주 짧게.

     나랑 너랑 **바투** 붙어 다니니까 우리 왠지 점점 닮아 가는 것 같지 않니?

     초중고 합쳐서 벌써 7년째인데 그럴 만도 하지.

5   **여력** : **餘力** 남을 여, 힘 력

   – 어떤 일에 주력하고 아직 남아 있는 힘.

     너의 큰형은 왜 아직도 결혼을 안 하시는 거야?

     집을 살 **여력**이 없어서 그런 것 같아.

6 종속 : 從屬 좇을 종, 무리 속

– 자주성이 없이 주가 되는 것에 딸려 붙음.

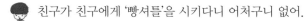

친구가 친구에게 '빵셔틀'을 시키다니 어처구니 없어.

친구 사이는 서로 대등한 관계지, 종속적 관계가 아닌데 말이지.

유의어 **부속, 예속**

7 훈육 : 訓育 가르칠 훈, 기를 육

– 품성이나 도덕 따위를 가르쳐 기름.

우리 엄마가 동생을 훈육하시는 것을 보면 가끔 너무 엄하다는 생각이 들어.

진짜? 나는 반대로 우리 엄마가 동생을 너무 버릇없이 키운다고 생각하는데.

유의어 **교육, 배양**

8 난해 : 難解 어려울 난, 풀 해

– 뜻을 이해하기 어려움.

논술에서 좋은 점수를 받고 싶은데, 글쓰기는 너무 힘들어.

간결하고 명확한 문장을 연습해 봐. 괜히 난해하고 어려운 말로 멋 부리지 말고.

9 면밀히 : 綿密— 솜 면, 빡빡할 밀

– 자세하고 빈틈이 없이.

이번에는 서술형 답을 면밀히 채점할 거야! 대충 쓴 학생들은 틀릴 줄 알아!

아~ 뭐예요! 답만 맞아도 맞게 해 주세요.

유의어 **조목조목**

10 불후 : 不朽 아니 불, 썩을 후

– 썩지 아니함이라는 뜻으로, 영원토록 변하거나 없어지지 아니함을 비유적으로 이르는 말.

오디션 프로그램에서 승리하려면 곡 선택이 중요하지.

맞아. 누구나 인정하는 불후의 명곡을 부르는 것이 유리한 것 같아.

유의어 **불멸**

LEVEL 4

STEP 1
STEP 2
STEP 3
STEP 4
STEP 5

11 아우르다

– 여럿을 모아 한 덩어리나 한 판이 되게 하다.

> 학생회장은 다른 아이들을 **아우르는** 능력이 뛰어난 것 같아.

> 괜히 학생회장이 아니야. 그렇지?

12 의당 : 宜當 마땅 의, 마땅 당

– 사리로 보아 마땅히.

> 방학 때 공부 열심히 할 테니 플레이스테이션 사 달라고 협상했다가 욕만 먹었어.

> 학생이 **의당** 해야 할 일을 하면서 무슨 조건이 있냐, 대충 이러셨겠구나.

유의어 **모름지기**

13 초빙 : 招聘 부를 초, 부를 빙

– 예를 갖추어 불러 맞아들임.

> 오늘 **초빙**된 강사는 누구야?

> 자기주도학습의 대가라던걸. 나처럼 학원 의존적인 학생은 열심히 들어야 해.

유의어 **초청**

14 표방 : 標榜 표할 표, 방 붙일 방

– 어떠한 명목을 붙여 주의, 주장을 앞에 내세움.

> 삼거리에 새로 생긴 음식점이 정통 프랑스 레스토랑을 **표방**한다며?

> 한번 가 봤는데, 분위기나 음악의 고상함이 나의 품격과 딱 맞더라.

15 백방 : 百方 일백 백, 모 방

– 여러 가지 방법. 또는 온갖 수단과 방도.

> 아이폰6 샀다며? 구경 좀 하게 보여 줘 봐.

> 어제 백화점에서 잃어버렸어. 백화점 직원들과 함께 **백방**으로 찾아봤는데 결국 못 찾았어.

16 오롯이

– 모자람이 없이 온전하게.

수능이 다가오니까 수시로 마음이 불안해져. 감정을 조절할 좋은 방법 없을까?

명상은 어때? **오롯이** 내면의 소리에만 귀를 기울이다 보면 마음이 차분해질 거야.

17 질펀하다

– ① 땅이 넓고 평평하게 펼쳐져 있다. ② 주저앉아 하는 일 없이 늘어져 있다. ③ 질거나 젖어 있다.

어제 비가 와서 운동장이 너무 **질펀해**.

하필 오늘따라 새로 산 운동화를 신고 왔는데, 진흙투성이가 되어 버렸어.

18 겨를

– 어떤 일을 하다가 생각 따위를 다른 데로 돌릴 수 있는 시간적 여유.

너 어제 조별 모임에 왜 안 왔어? 우리끼리만 하느라고 고생했잖아!

정말 미안해. 밀린 숙제 하느라 조별 과제는 생각할 **겨를**도 없었어.

유의어 **말미, 여가**

19 능욕 : 凌辱 업신여길 능(릉), 욕될 욕

– 남을 업신여겨 욕보임.

3:0으로 지다니. 우리 축구부가 이대로 **능욕**을 당할 순 없어.

지난번에는 5:0으로 졌다면서 많이 발전한 것 아니니?

유의어 **모욕**

20 문책 : 問責 물을 문, 꾸짖을 책

– 잘못을 캐묻고 꾸짖음.

3반 담임 선생님이 촌지 사건으로 학교 감사에 걸리셨대.

교장 선생님한테 크게 **문책**당하셨다네. 일이 커질 것 같던데?

유의어 **질타, 책망**

3 아래 설명된 의미의 단어를 써 보세요.

의 미	단 어
1 어떤 일에 주력하고 아직 남아 있는 힘.	
2 드러내 보여서 명백히 함.	
3 덮어 감추거나 가리어 숨김.	
4 두 대상이나 물체의 사이가 썩 가깝게. 시간이나 길이가 아주 짧게.	
5 처리하여 치움.	
6 썩지 아니함이라는 뜻으로, 영원토록 변하거나 없어지지 아니함을 비유적으로 이르는 말.	
7 품성이나 도덕 따위를 가르쳐 기름.	
8 모자람이 없이 온전하게.	
9 여럿을 모아 한 덩어리나 한 판이 되게 하다.	
10 자주성이 없이 주가 되는 것에 딸려 붙음.	
11 사리로 보아 마땅히.	
12 뜻을 이해하기 어려움.	
13 어떠한 명목을 붙여 주의, 주장을 앞에 내세움.	
14 자세하고 빈틈이 없이.	
15 여러 가지 방법. 또는 온갖 수단과 방도	
16 예를 갖추어 불러 맞아들임.	
17 어떤 일을 하다가 생각 따위를 다른 데로 돌릴 수 있는 시간적 여유.	
18 잘못을 캐묻고 꾸짖음.	
19 남을 업신여겨 욕보임.	
20 ① 땅이 넓고 평평하게 펼쳐져 있다. ② 주저앉아 하는 일 없이 늘어져 있다. ③ 질거나 젖어 있다.	

🖐 정답 15개 이상 – 다음 단계 도전!

1 상자 안 단어의 의미에 대하여 생각해 보고, 이해하고 있는 수준에 따라
아래 표에 단어를 분류해 보세요.

☐ 상기   ☐ 아집   ☐ 일단락   ☐ 추세   ☐ 현행

☐ 비약   ☐ 완충   ☐ 타도   ☐ 경각심   ☐ 다반사

☐ 박약   ☐ 생소   ☐ 약동   ☐ 잉여   ☐ 치닫다

☐ 혹한   ☐ 비장   ☐ 십상   ☐ 타박   ☐ 고무

정확하게 의미를 알고 있는 단어	들어 본 적은 있으나 의미는 정확하지 않은 단어	전혀 의미를 모르는 처음 들어 보는 단어

2 각 단어를 구성하는 한자의 뜻, 단어의 사전적 정의를 이해하고,
대화를 통해 단어의 의미를 익혀 보세요.

1 상기 : 想起 생각 상, 일어날 기

– 기억하고 있는 지난 일을 다시 돌이켜 생각하여 냄.

이 길이 그 오빠와의 아련했던 기억을 **상기**시키는구나.

소개팅으로 딱 한 번 만났다며, 무슨 추억이 그렇게 많아?

유의어 **회고, 회상**

2 아집 : 我執 나 아, 잡을 집

– 자기 중심의 좁은 생각에 집착하여 다른 사람의 의견이나 입장을 고려하지 아니하고 자기만을 내세우는 것.

토론에서 가장 경계해야 할 것은 논리적 근거 없이 마구잡이로 우기는 일이지.

그건 토론이 아니라 그냥 **아집**을 부리는 것에 불과해.

유의어 **고집**

3 일단락 : 一段落 한 일, 층계 단, 떨어질 락

– 일정한 정도에 이르러 일의 한 단계가 마무리됨.

뉴스에서 우리 동네에 멧돼지가 출몰했다고 해서 집에 가기가 무서워.

곧 잡혔다더라. 경찰이 마취총을 쏘아 잡아간 것으로 **일단락**됐어.

4 추세 : 趨勢 달아날 추, 형세 세

– 어떤 현상이 일정한 방향으로 나아가는 경향.

학원을 끊고, 자기주도학습을 시작했다면서?

성적이 상승 **추세**를 보이고 있어. 역시 공부는 혼자 익히는 과정이 중요하다는 걸 절감하게 됐어.

유의어 **흐름, 대세**

5 현행 : 現行 나타날 현, 다닐 행

– 현재 행하여지고 있음. 행하고 있음.

왜 밤에 우리를 들여보내 주는 PC방은 없는 거지?

현행 법에 의하면 미성년자는 밤 10시 이후 출입을 못 하잖아.

6 비약 : 飛躍 날 비, 뛸 약

– 높이 뛰어오르는 것, 빠른 속도로 발전, 향상하는 것.

> 너 체육시간에 높이뛰기 잘하더라? 지난번에 꼴등 했었잖아.

> '유투브'에서 높이뛰기 동영상 찾아보면서 매일 연습했어. **비약**적인 발전이지?

유의어 **약진**

7 완충 : 緩衝 느릴 완, 찌를 충

– 대립하는 것 사이에서 불화나 충돌을 누그러지게 함.

> 똑같은 워킹화인데 가격이 천차만별이야.

> 디자인은 어떤지, 쿠션의 **완충** 작용은 좋은지 등 조건이 다양하니 그렇지.

유의어 **완화**

8 타도 : 打倒 칠 타, 넘어질 도

– 어떤 대상이나 세력을 쳐서 거꾸러뜨림.

> 불량식품을 사 먹고 지난주 내내 식중독으로 병원에 입원해 있었어.

> 먹을 것으로 장난치는 악덕 기업들은 모두 **타도**되어야 한다고 생각해.

유의어 **박살**

9 경각심 : 警覺心 깨우칠 경, 깨달을 각, 마음 심

– 정신을 차리고 주의 깊게 살피어 경계하는 마음.

> 세월호 사건 때문에 온 나라가 슬픔에 잠긴 것 같아.

> 이번 사건이 우리 사회의 안전에 관한 **경각심**을 다시 한 번 불러일으킨 것 같아.

유의어 **경계심**

10 다반사 : 茶飯事 차 다, 밥 반, 일 사

– 차를 마시고 밥을 먹는 일이라는 뜻으로, 보통 있는 예사로운 일을 이르는 말.

> 주말에 엄마랑 영화 보러 갔었다면서? 웬일이야?

> 중2 때는 엄마랑 다투는 일이 **다반사**였는데 요즘에는 엄마와 사이가 좋아.

유의어 **예사, 일상**

11 박약 : 薄弱 엷을 박, 약할 약

– 의지나 체력 따위가 굳세지 못하고 여림.

🧑 나는 진짜 의지**박약**인가 봐. 어제 밤새워 공부하려 했는데 초저녁부터 자 버렸어.

🧑 나도 마찬가지야. 분명 책상에 앉아 있었는데 눈떠 보니 침대더라니까?

유의어 **빈약, 허약**

12 생소 : 生疏 날 생, 소통할 소

– 어떤 대상이 친숙하지 못하고 낯섦.

👧 너 블로그 시작했더라?

👧 응. 근데 '서이추(서로이웃추가)', '이벤(이벤트)', '얼공(얼굴공개)' 등 **생소**한 용어 투성이라 헤매고 있어!

유의어 **생경**

13 약동 : 躍動 뛸 약, 움직일 동

– 생기 있고 활발하게 움직임.

👧 너는 어떤 계절을 제일 좋아하니?

👧 나는 모든 생명이 **약동**하는 봄이 제일 좋아! 사실 내 생일이 있어서 그래.

14 잉여 : 剩餘 남을 잉, 남을 여

– 다 쓰고 난 나머지.

👧 쓸 만큼만 쓰고 나머지 영양소를 다 배설하면 다이어트에 신경 안 써도 될 텐데.

👧 **잉여** 영양소를 그때그때 버리면 굶어 죽는 사람이 많아질걸.

유의어 **여분**

15 치닫다

– 위쪽으로 달리다. 힘차고 빠르게 나아가다.

🧑 저녁 뉴스에서 보면, 요즘 설악산의 단풍이 절정으로 **치닫고** 있는 것 같더라.

🧑 남의 나라 이야기지. 우리는 정신 차리고 독서실이나 가자.

16 혹한 : 酷寒 심할 혹, 찰 한

– 몹시 심한 추위.

> 폭설을 동반한 **혹한**이 뉴욕을 덮쳤대.

> 기상 이변이 점점 심해지네. 대학도 가기 전에 지구가 멸망하는 것은 아니겠지?

유의어 **동장군**

17 비장 : 悲壯 슬플 비, 장할 장

– 슬프면서도 마음을 억눌러 씩씩함.

> 거듭되는 패배로 인해 마침내 'LG 트윈스'는 어제 감독까지 돌연 사퇴해 버렸어.

> 그래서 모든 선수가 굉장히 **비장**한 분위기야.

18 십상 : 十常 열 십, 항상 상

– 열에서 아홉일 정도로 확률이 높다는 말.

> 목표 달성도 철저하게 계획을 세우지 않으면 흐지부지되기 **십상**이야.

> 그래서 공부의 시작은 전략과 계획에서 시작된다고 하잖아.

유의어 **십중팔구, 십상팔구**

19 타박

– 허물이나 결함을 나무라거나 핀잔함.

> 우리 아빠는 입맛이 까다로워서 매번 엄마한테 음식 **타박**을 하셔.

> 우리 집에서는 있을 수도 없는 일이야. 누구라도 반찬 투정했다가는 굶어야 할걸?

유의어 **면박, 지청구**

20 고무 : 鼓舞 북 고, 춤 출 무

– 남을 격려하여 더욱 힘을 내도록 함.

> 민수는 요즘 영어 공부에 열을 올리고 있던데, 무슨 일 있었나?

> 짝사랑하던 영어 선생님의 칭찬에 **고무**되어서 영어 말고 다른 과목은 다 버렸어.

유의어 **독려**

3 아래 설명된 의미의 단어를 써 보세요.

의 미	단 어
1 대립하는 것 사이에서 불화나 충돌을 누그러지게 함.	
2 일정한 정도에 이르러 일의 한 단계가 마무리됨.	
3 높이 뛰어오르는 것, 빠른 속도로 발전, 향상하는 것.	
4 어떤 대상이 친숙하지 못하고 낯섦.	
5 자기 중심의 좁은 생각에 집착하여 다른 사람의 의견이나 입장을 고려하지 아니하고 자기만을 내세우는 것.	
6 현재 행하여지고 있음. 행하고 있음.	
7 어떤 현상이 일정한 방향으로 나아가는 경향.	
8 정신을 차리고 주의 깊게 살피어 경계하는 마음.	
9 기억하고 있는 지난 일을 다시 돌이켜 생각하여 냄.	
10 다 쓰고 난 나머지.	
11 어떤 대상이나 세력을 쳐서 거꾸러뜨림.	
12 의지나 체력 따위가 굳세지 못하고 여림.	
13 생기 있고 활발하게 움직임.	
14 차를 마시고 밥을 먹는 일이라는 뜻으로, 보통 있는 예사로운 일을 이르는 말.	
15 허물이나 결함을 나무라거나 핀잔함.	
16 위쪽으로 달리다. 힘차고 빠르게 나아가다.	
17 열에서 아홉일 정도로 확률이 높다는 말.	
18 몹시 심한 추위.	
19 남을 격려하여 더욱 힘을 내도록 함.	
20 슬프면서도 마음을 억눌러 씩씩함.	

🔲 정답 15개 이상 – 다음 단계 도전!

1 상자 안 단어의 의미에 대하여 생각해 보고, 이해하고 있는 수준에 따라
아래 표에 단어를 분류해 보세요.

☐ 달변   ☐ 번복   ☐ 선점   ☐ 언감생심   ☐ 전복

☐ 타개책   ☐ 홀대   ☐ 삼엄   ☐ 의아   ☐ 통솔

☐ 고상   ☐ 도모   ☐ 범속   ☐ 수급   ☐ 엄연히

☐ 정갈하다   ☐ 톡톡히   ☐ 홀연   ☐ 슬하   ☐ 저명

정확하게 의미를 알고 있는 단어	들어 본 적은 있으나 의미는 정확하지 않은 단어	전혀 의미를 모르는 처음 들어 보는 단어

2 각 단어를 구성하는 한자의 뜻, 단어의 사전적 정의를 이해하고,
대화를 통해 단어의 의미를 익혀 보세요.

1 달변 : 達辯 통달할 달, 말씀 변

– 능숙하여 막힘이 없는 말.

> 저 개그맨은 몸으로 하는 연기보다는 말로 하는 토크쇼에 더 소질이 있는 것 같아.

> 얼핏 사나운 독설을 퍼붓는 것 같은데, 자세히 들어 보면 뼈가 있는 **달변**이야.

유의어 **능변, 청산유수**

2 번복 : 飜覆 뒤집을 번, 엎어질 복

– 이리저리 뒤집힘.

> 요즘 야구는 비디오 판독을 통해 심판 판정이 **번복**되기도 하더라.

> 아웃 판정은 적용되지만, 스트라이크와 볼에 대한 판정은 해당되지 않아.

유의어 **취소**

3 선점 : 先占 먼저 선, 점령할 점

– 남보다 앞서서 차지함.

> 콘서트는 밤에 시작하는데 왜 새벽부터 줄을 서는 거야? 정말 극성이다.

> 모르면 잠자코 있어. 콘서트는 좋은 자리를 **선점**하는 것이 제일 중요하다고.

4 언감생심 : 焉敢生心 어찌 언, 감히 감, 날 생, 마음 심

– 어찌 감히 그런 마음을 품을 수 있겠냐는 뜻으로, 전혀 그런 마음이 없었음을 이르는 말.

> '소녀시대'랑 데이트를 하면 어떤 기분이 들까?

> **언감생심** 내가 누나들에게 어찌 그런 마음을 품을 수 있겠어.

5 전복 : 顚覆 엎드러질 전, 엎어질 복

– 차나 배 따위가 뒤집힘.

> 실시간 검색어 1위가 '양계장 트럭'이야. 무슨 일이야?

> 고속도로에서 닭을 실은 트럭이 **전복**되었대. 수백 마리의 닭들이 고속도로에 쏟아졌다더군.

163

6 타개책 : 打開策 칠 타, 열 개, 꾀 책

– 매우 어렵거나 막힌 일을 잘 처리하여 해결할 방책.

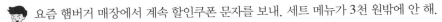

요즘 햄버거 매장에서 계속 할인쿠폰 문자를 보내. 세트 메뉴가 3천 원밖에 안 해.

사람들이 예전보다 햄버거를 많이 안 먹으니 뭔가 **타개책**이 필요했을 거야.

7 홀대 : 忽待 갑자기 홀, 기다릴 대

– 소홀히 대접함.

성적이 좀 떨어졌다고, 요즘 담임 선생님이 나를 너무 **홀대**하는 것 같아.

너만의 자격지심 아니니? 내가 보기에는 별로 달라진 것 같지 않은데.

유의어 **괄시, 구박, 천대**

8 삼엄 : 森嚴 수풀 삼, 엄할 엄

– 무서우리 만큼 질서가 바르고 엄숙함.

화장실에서 담배 핀 놈 누구야! 안 나와? 모두 책상 위에 무릎 꿇고 손들어!

분위기 엄청 **삼엄**하네. 무서워서 숨도 크게 못 쉬겠어.

유의어 **엄중, 철통**

9 의아 : 疑訝 의심할 의, 의심할 아

– 의심스럽고 이상함.

2학기 중간고사 1등이 현진이라는 소식 들었니? 믿을 수 없어.

처음에는 너무 **의아**했어. 그런데 알고 보니 지난겨울부터 자기주도학습을 시작했대.

유의어 **의문**

10 통솔 : 統率 거느릴 통, 거느릴 솔

– 무리를 거느려 다스림.

임원 수련회 전체 진행을 왜 부회장이 맡게 된 거야? 회장은 뭐 하고?

학생들을 질서 있게 **통솔**하는 것은 부회장이 더 잘하잖아. 회장은 다른 일 할 거야.

유의어 **통괄, 통치, 지휘**

11 **고상** : 高相 높을 고, 서로 상

– 고귀하고 기품이 있는 인상.

🙎 카탈로그에서 명품 스카프를 귀족적 이미지라고 설명하던데 그게 무슨 뜻이야?

🙎 고귀해 보이고 기품 있어 보이는 것. 한마디로 나처럼 **고상**해 보인다는 거지.

유의어 **고매, 우아, 고결**

12 **도모** : 圖謀 그림 도, 꾀 모

– 어떤 일을 이루기 위하여 대책과 방법을 세움.

🙎 살기를 **도모**하면 죽을 것이고, 죽기를 각오하면 살 것이다.

🙎 겨우 게임 한판 하면서 각오 한번 거창하군.

유의어 **기도, 모사**

13 **범속** : 凡俗 무릇 범, 풍속 속

– 평범하고 속됨.

🙎 요즘엔 너도나도 튀고 싶어 난리인 것 같아. 난 평범한 것이 좋은데.

🙎 내 생각에는 **범속**함 속에 특별함이 있는 것이 제일 매력적인 것 같아.

14 **수급** : 受給 받을 수, 줄 급

– 급여, 연금, 배급 따위를 받음.

🙎 5킬로미터 마라톤 참가자는 운동장으로 모이래.

🙎 이렇게 더운 날씨에는 선수들에게 생수 **수급**이 원활하게 이루어질 수 있도록 잘 살펴야 할 거야.

15 **엄연히** : 儼然– 엄연할 엄, 그럴 연

– 어떠한 사실이나 현상이 부인할 수 없을 만큼 뚜렷하게.

🙎 너 또 먹냐? 비만에서 벗어나려면 간식부터 줄여야 해.

🙎 몇 번을 말하지만, 나는 비만이 아니라 과체중이야. 비만과 과체중은 **엄연히** 다르다고!

16 정갈하다

– 깨끗하고 깔끔하다.

민정이한테 손편지로 고백해 볼까 하는데, 네 글씨체가 정갈하니까 대신 좀 써 줘.

이런 첨단 IT 시대에 무슨 손편지야? 그냥 '카톡'이나 보내.

유의어 **정결하다**

17 톡톡히

– 구실이나 역할 따위에 충실히

너 이번에 수학 시험을 잘 봤더라?

수학 전공하는 우리 대학생 사촌 누나 덕을 톡톡히 봤지!

18 홀연 : 忽然 갑자기 홀, 그러할 연

– 뜻하지 아니하게 갑자기.

머리를 감다 보면 계속 풀리지 않던 수학 문제가 홀연히 풀리기도 해. 너도 그래?

미쳤구나.

유의어 **느닷없이**

19 슬하 : 膝下 무릎 슬, 아래 하

– 어버이나 조부모의 보살핌 아래. 주로 부모의 보호를 받는 테두리 안.

너희 아빠가 너에 대한 정성과 관심이 유난하시네. 매일 학교로 데리러 오시다니.

우리 아빠는 홀어머니 슬하에서 외아들로 외롭게 자라셔서, 가족 사랑이 끔찍해.

20 저명 : 著名 나타날 저, 이름 명

– 세상에 이름이 널리 드러나 있음.

저 사람은 저명한 의사에서 이제는 그냥 웃기는 연예인으로 이미지가 바뀌었어.

친근해져서 좋긴 한데, 예전에 비하여 신뢰감은 많이 떨어졌지.

유의어 **유명, 고명**

3 아래 설명된 의미의 단어를 써 보세요.

의 미	단 어
1 무서우리만큼 질서가 바르고 엄숙함.	
2 이리저리 뒤집힘.	
3 매우 어렵거나 막힌 일을 잘 처리하여 해결할 방책.	
4 차나 배 따위가 뒤집힘.	
5 소홀히 대접함.	
6 의심스럽고 이상함.	
7 무리를 거느려 다스림.	
8 능숙하여 막힘이 없는 말.	
9 평범하고 속됨.	
10 남보다 앞서서 차지함.	
11 어찌 감히 그런 마음을 품을 수 있겠냐는 뜻으로, 전혀 그런 마음이 없었음을 이르는 말.	
12 어떠한 사실이나 현상이 부인할 수 없을 만큼 뚜렷하게.	
13 어떤 일을 이루기 위하여 대책과 방법을 세움.	
14 구실이나 역할 따위에 충실히	
15 급여, 연금, 배급 따위를 받음.	
16 세상에 이름이 널리 드러나 있음.	
17 고귀하고 기품이 있는 인상.	
18 뜻하지 아니하게 갑자기.	
19 깨끗하고 깔끔하다.	
20 어버이나 조부모의 보살핌 아래. 주로 부모의 보호를 받는 테두리 안.	

🔲 정답 15개 이상 - 다음 단계 도전!

1 상자 안 단어의 의미에 대하여 생각해 보고, 이해하고 있는 수준에 따라
아래 표에 단어를 분류해 보세요.

- ☐ 투하
- ☐ 공치사
- ☐ 독려
- ☐ 변천
- ☐ 숙연

- ☐ 와해
- ☐ 졸지
- ☐ 통달
- ☐ 회포
- ☐ 심드렁하다

- ☐ 전유물
- ☐ 협의
- ☐ 근절
- ☐ 독보적
- ☐ 방만

- ☐ 시정
- ☐ 원활
- ☐ 즐비
- ☐ 특단
- ☐ 매몰

정확하게 의미를 알고 있는 단어	들어 본 적은 있으나 의미는 정확하지 않은 단어	전혀 의미를 모르는 처음 들어 보는 단어

2 각 단어를 구성하는 한자의 뜻, 단어의 사전적 정의를 이해하고
대화를 통해 단어의 의미를 익혀 보세요.

1 **투하** : **投下** 던질 **투**, 아래 **하**

– 위에서 아래로 던져 떨어뜨림

> 무심코 아파트 베란다에서 물건을 **투하**했다가 지나가던 사람이 다쳤대.

> 너도 어릴 때 베란다 밖으로 자꾸 장난감을 던져서 엄마가 많이 난감했어.

2 **공치사** : **功致辭** 빌 **공**, 이룰 **치**, 말씀 **사**

– 남을 위하여 수고한 것을 생색내며 스스로 자랑함.

> 태준이가 반을 위해 봉사한 것까지는 좋았는데, 나중에 **공치사**를 너무 하니까 별로더라.

> **공치사**하는 사람들은 생색을 내다가 오히려 자기 공을 깎아 먹는 것 같아.

3 **독려** : **督勵** 살필 **독**, 힘쓸 **려**

– 감독하며 북돋아 줌.

> 선생님의 **독려** 덕분에 논술대회에서 입상할 수 있었어요.

> 네 글솜씨가 좋아서 그렇지 내가 뭐 한 것이 있다고.

유의어 **격려, 고무**

4 **변천** : **變遷** 변할 **변**, 옮길 **천**

– 세월의 흐름에 따라 바뀌고 변함.

> 너 그 연예인 얼굴 **변천**사 봤어?

> 어떻게 사진 다섯 장이 다 다른 사람이냐? 성형 너무 무서워.

유의어 **경과, 변동**

5 **숙연** : **肅然** 엄숙할 **숙**, 그럴 **연**

– 고요하고 엄숙함.

> 졸업생이 울먹이는 소리로 답사를 시작하니까 떠들던 아이들도 입을 다물더군.

> 나도 분위기가 너무 **숙연**해서 조용히 단상만 바라보고 있었어.

169

6 와해 : 瓦解 기와 와, 풀 해

– 기와가 깨진다는 뜻으로, 조직이나 계획 따위가 산산이 무너지고 흩어짐을 이르는 말.

🧑 너희 동아리 축제 준비는 잘되고 있어?

🧑 아니. 부원끼리 싸우는 바람에 동아리 자체가 거의 **와해**될 지경이야.

유의어 **파괴**

7 졸지

– (흔히 '졸지에' 꼴로 쓰여)갑작스러운 판국.

🧑 어제 드라마는 봤어? 고등학생 아들이 갑자기 아이를 낳아 집으로 데려왔어.

🧑 그렇게 **졸지**에 할머니가 되면 기분이 어떨까? 까무러치겠지?

유의어 **갑자기**

8 통달 : 通達 통할 통, 통달할 달

– 막힘없이 환히 통함. 사물의 이치, 지식 등을 훤히 알거나 능숙함.

🧑 이소룡의 절권도는 정말 대단한 무술이야!

🧑 모든 무술을 **통달**한 사람이 만든 무술이라니 정말 대단해!

유의어 **숙달**

9 회포 : 懷抱 품을 회, 안을 포

– 마음속에 품은 생각이나 정.

🧑 어제 집에 가는 길에, 전학 가서 헤어졌던 친구를 만났어.

🧑 진짜 반가웠겠다! **회포**는 많이 풀었어?

유의어 **감회, 흉금**

10 심드렁하다

– 마음에 탐탁하지 아니하여서 관심이 거의 없다.

🧑 요즘 내 동생은 '중2병' 절정이야. 가족이 묻는 말에 반응이 다 **심드렁해.**

🧑 사돈 남 말하시네. 너는 그때 더 심각했던 것 같은데?

11   **전유물** : **專有物** 오로지 전, 있을 유, 물건 물

– 혼자 독차지하여 가지는 물건.

주말에 컴퓨터로 내 개인 음반을 제작했어. 너도 카피해서 줄까?

가수들의 **전유물**로 여겨졌던 음반을 이제는 아무나 만들 수 있게 됐구나.

12   **협의** : **協議** 화합할 협, 의논할 의

– 여러 사람이 모여 서로 의논함.

엄마가 나와 전혀 **협의**도 하지 않고 다니던 학원을 다 바꿔 버렸어.

시험을 망칠 때마다 매번 그러시던데 뭐. 시험을 잘 보는 수밖에 없어.

유의어 **교섭, 논의**

13   **근절** : **根絶** 뿌리 근, 끊을 절

– 다시 살아날 수 없도록 아주 뿌리째 없애 버림.

옆 반 민영이가 결국 왕따 문제로 자퇴했대.

정말? 안타깝다. 학교 폭력은 반드시 **근절**되어야만 해!

유의어 **박멸, 절멸**

14   **독보적** : **獨步的** 홀로 독, 걸음 보, 과녁 적

– 남이 감히 따를 수 없을 정도로 뛰어난. 또는 그런 것.

우리 학년에서 정훈이를 꺾을 자는 진정 없는 것인가!

벌써 네 번 연속 전교 1등이라니, 정말 **독보적** 존재야.

15   **방만** : **放漫** 놓을 방, 흩어질 만

– 맺고 끊는 데가 없이 제멋대로 풀어져 있음.

겨울방학 내내 태만하고 **방만**하게 지냈더니 개학하고 책상에 앉아 있는 것 자체가 너무 힘들어.

공부는 머리보다 엉덩이로 하는 것이라는 말도 있잖아.

16 시정 : 是正 옳을 시, 바를 정

– 잘못된 것을 바로잡음.

 조선시대 사간원은 왕에게 잘못을 **시정**하라는 요구를 하는 기관이었다는데, 정말 떨렸을 것 같아.

나처럼 소심한 사람은 절대 할 수 없는 일이다.

17 원활 : 圓滑 둥글 원, 미끄러울 활

– 모난 데 없고 원만함. 거침이 없이 잘되어 나가는 상태.

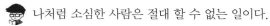 오빠는 새해 소원이 뭐야?

우리 집 컴퓨터 그래픽 카드를 좀 비싼 걸로 바꿔서 'LOL'이 **원활**하게 돌아가면 좋겠다.

18 즐비 : 櫛比 빗 즐, 견줄 비

– 빗살처럼 줄지어 빽빽하게 늘어서 있음.

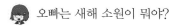 철민이네 집에 갔다가 장식장 한가득 트로피가 **즐비**하게 놓인 것을 보고 깜짝 놀랐어.

철민이가 대단한 운동선수라는 것을 실감했다니까.

유의어 **나열**

19 특단 : 特段 특별한 특, 층계 단

– 어떤 행위의 강렬함이나 각별함이 보통의 정도를 훨씬 넘은 상태에 있는 것.

학교에서 가해 학생에게 퇴학이라는 **특단**의 조치를 내린다며?

가해 학생도 아직 학생인데, 학교에서는 처벌만 하면 문제가 해결된다고 생각하는 것 같아.

유의어 **특별**

20 매몰 : 埋沒 묻을 매, 빠질 몰

– 보이지 아니하게 파묻히거나 파묻음.

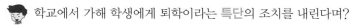 강원도에서 산사태 났다는 뉴스 봤어?

자동차 수십 대가 **매몰**되어 있던데, 사람은 안 다쳤을지 모르겠다.

3 아래 설명된 의미의 단어를 써 보세요.

의 미	단 어
1 갑작스러운 판국.	
2 세월의 흐름에 따라 바뀌고 변함.	
3 위에서 아래로 던져 떨어뜨림.	
4 고요하고 엄숙함.	
5 남을 위하여 수고한 것을 생색내며 스스로 자랑함.	
6 기와가 깨진다는 뜻으로, 조직이나 계획 따위가 산산이 무너지고 흩어짐을 이르는 말.	
7 혼자 독차지하여 가지는 물건.	
8 감독하며 북돋아 줌.	
9 마음속에 품은 생각이나 정.	
10 막힘없이 환히 통함. 사물의 이치, 지식 등을 훤히 알거나 능숙함.	
11 남이 감히 따를 수 없을 정도로 뛰어난. 또는 그런 것.	
12 여러 사람이 모여 서로 의논함.	
13 마음에 탐탁하지 아니하여서 관심이 거의 없다.	
14 잘못된 것을 바로잡음.	
15 빗살처럼 줄지어 빽빽하게 늘어서 있음.	
16 보이지 아니하게 파묻히거나 파묻음.	
17 다시 살아날 수 없도록 아주 뿌리째 없애 버림.	
18 어떤 행위의 강렬함이나 각별함이 보통의 정도를 훨씬 넘은 상태에 있는 것.	
19 모난 데 없고 원만함. 거침이 없이 잘되어 나가는 상태.	
20 맺고 끊는 데가 없이 제멋대로 풀어져 있음.	

정답 15개 이상 - 다음 단계 도전!

1 다음 뜻에 알맞은 단어를 서로 연결하시오.

① 야기   급여, 연금, 배급 따위를 받음.

② 삼엄   무서우리만큼 질서가 바르고 엄숙함.

③ 도모   마음속에 품은 생각이나 정.

④ 수급   일이나 사건 따위를 끌어 일으킴.

⑤ 회포   어떤 일을 이루기 위하여 대책과 방법을 세움.

2 제시된 초성을 참고하여 단어의 뜻풀이를 완성하시오.

① 등한시 – (ㅁㄱㅅ)하거나 (ㅅㅎ)하게 보아 넘김.

② 공치사 – 남을 위하여 수고한 것을 (ㅅㅅ)내며 스스로 (ㅈㄹ)함.

③ 즐비 – (ㅂㅅ)처럼 줄지어 빽빽하게 늘어서 있음.

④ 난해 – 뜻을 (ㅇㅎ)하기 어려움.

3 단어의 정의를 생각하며 다음 한자의 의미를 쓰시오.

① 불후 : 不(   ) 朽(   ) – 썩지 아니함이라는 뜻으로, 영원토록 변하거나 없어지지 아니함을 비유적으로 이르는 말.

② 와해 : 瓦(   ) 解(   ) – 기와가 깨진다는 뜻으로, 조직이나 계획 따위가 산산이 무너지고 흩어짐을 이르는 말.

③ 표명 : 表(   ) 明(   ) – 드러내 보여서 명백히 함.

4 다음의 글자들을 조합하여 뜻풀이에 알맞은 어휘를 쓰시오.

조	과	순	홀	대	정	완	행	재	팽	배	화
진	타	개	책	인	관	충	순	손	춘	망	발

① (   ) – 큰 물결이 맞부딪쳐 솟구침. 어떤 기세나 사조 따위가 매우 거세게 일어남.

② (   ) – 망령이나 실수로 그릇된 말이나 행동을 함.

③ (   ) – 대립하는 것 사이에서 불화나 충돌을 누그러지게 함.

④ (   ) – 매우 어렵거나 막힌 일을 잘 처리하여 해결할 방책.

⑤ (   ) – 소홀히 대접함.

5 예시문의 (   )에 들어갈 알맞은 말을 〈보기〉에서 찾아 쓰시오.

급기야   협의   표방   경각심   생소

① 잇달아 발생한 사고들은 우리 사회의 안전불감증에 대한 (   )을 일깨웠다.

② 10년 만에 외국에서 돌아온 그에게 조국의 모든 풍경이 (   )하고 낯설었다.

③ 세입자가 집주인과 사전 (   ) 없이 집 안에 대대적 공사를 벌였다.

④ 암암리에 진행되던 그들의 역모는 (   ) 임금의 귀에 들어갔다.

⑤ 고급 유아 교육을 (   )한다지만, 알고 보면 그 유치원은 허울만 좋은 탁아소에 불과했다.

📝 아래 단어의 의미를 이해하고 짧은 글짓기를 해 보시오.

1	야기	
2	급기야	
3	등한시	
4	책망	
5	팽배	
6	여건	
7	기동력	
8	망발	
9	바투	
10	여력	
11	난해	
12	면밀히	
13	의당	
14	표방	
15	오롯이	
16	문책	
17	일단락	
18	현행	

19	완충	
20	경각심	
21	생소	
22	잉여	
23	비장	
24	십상	
25	번복	
26	선점	
27	타개책	
28	의아	
29	도모	
30	엄연히	
31	홀연	
32	저명	
33	공치사	
34	변천	
35	와해	
36	심드렁하다	
37	협의	
38	근절	
39	원활	
40	즐비	

감이 아니라,
정확한 어휘의 뜻을
알아야 해요.

남정훈 서울대 공과대학, 11학번

1. 최상위권 성적을 달성하기 위해 국어 어휘 실력이 중요한 이유는 무엇일까요?

대부분의 학생들이 자신의 어휘 실력이 부족하다는 생각을 전혀 못 하고 있어요. 하지만 **국어 성적에 있어서 가장 중요한 것은 얼마나 많은 어휘를 '정확하게' 알고 있느냐이죠.** 특히 문제 지문에서 많이 나오는 개념어들, 예를 들어서 비유, 활유, 은유 등의 단어의 뜻을 두루뭉술하게가 아니라, 정확하게 알고 있어야만 변별력 있는 문제를 헷갈리지 않죠!

상위권 학생들도 지문의 흐름을 읽고 빠르게 문제를 푸는 데는 익숙하지만, 소위 '감'만을 이용해 문제를 푸는 경향이 있습니다. 최상위권, 나아가 만점을 목표로 하는 학생들에겐 결국에 어휘 실력이 걸림돌이 되기 마련입니다.

2. 국어 어휘 공부를 어떻게 했나요?

국어 어휘는 크게 두 가지로 나눠 공부했어요. 개념어와 관용어로요. 제가 수험생이 던 시절부터 본격적으로 '평가원 개념어'가 주목을 받기 시작했는데 그때부터 서점에서 '개념어 사전' 같은 책을 찾아볼 수 있었어요. 사실 개념어는 교과서에 다 나와 있는 내용이지만, 그것들을 나 혼자 힘으로 정리하기엔 힘들었어요. 그래서 개념어 사전 같은 참고서 문제를 풀면서 헷갈리는 단어를 정리해서 하나의 책을 만들었어요. 예제를 복사해서 붙여 넣는 것도 잊지 않았고요.

사자성어 같은 관용어들은 어렸을 때부터 책을 많이 읽어서인지 크게 어려움을 겪지는 않았어요. 간혹가다가 모르는 사자성어가 나올 땐, 그때그때 의미를 외우며 이해했어요.

3. 자기주도학습을
위해서
어휘력이
중요한 이유는
무엇일까요?

자기주도학습은 아무래도 참고서의 답안지와 해설에 많은 도움을 받죠. 그런데 해설지에서도 모든 것을 다 설명해 줄 수는 없어요. 고등학생 교재에서 중학생의 개념어를 다시 설명할 필요는 없다고 생각하고 설명이 생략되기 때문이죠. 또 대부분의 학생들은 그 개념어의 정확한 뜻을 모르기 때문에 두루뭉술하게 이해하고 넘어가게 됩니다. 나중에는 시험에서의 오답으로 돌아오게 되는 거죠.

국어 어휘 실력이 높으면 전 과목에 대한 이해도가 높고 핵심을 찾아내는 힘이 있어요. 그래서 전 과목 성적이 높을 수 있죠. 예를 들면 수학 개념을 공부할 때 개념 설명이 우리말로 설명되어 있는데 어휘력이 풍부한 학생은 이해도 빠르고 정확하게 알 수 있습니다. 반대로 어휘력이 부족한 학생은 개념 자체가 쉽게 이해되지 않아요. 그래서 아무리 많은 문제를 푼다고 해도 수학 성적이 오르는 데 한계가 있어요.

4. 국어
어휘 실력과
성적의
상관관계는?

5. 국어
어휘 공부의
어려운 점은?

제 경험이기도 한데, 정확하게 알지 못하는 단어도 이미 알고 있다고 생각하고 넘어가는 습관이 어휘 공부를 하는 데 방해가 됐어요. 또 어휘를 제대로 공부할 기회가 별로 없는 것도 난관이었고요. 어휘 공부는 범위가 정해진 것이 아니기 때문에, 과학 한 단원만 정해서 공부하듯이 콕 찍어서 공부하기가 어렵기도 했어요. 더불어 국어 어휘에 대해서만 상세히, 그리고 깊이 다루고 있는 참고서가 드문 것도 아쉬운 점이었어요.

LEVEL
5

STEP 1

STEP 2

STEP 3

STEP 4

STEP 5

1 상자 안 단어의 의미에 대하여 생각해 보고, 이해하고 있는 수준에 따라
아래 표에 단어를 분류해 보세요.

☐ 각광	☐ 소상	☐ 치중	☐ 결렬	☐ 깜냥
☐ 만류	☐ 부득이	☐ 안배	☐ 요행	☐ 절박
☐ 탐닉	☐ 속설	☐ 경과	☐ 안일	☐ 통감
☐ 겸상	☐ 낙후	☐ 말미	☐ 부연	☐ 어중간

정확하게 의미를 알고 있는 단어	들어 본 적은 있으나 의미는 정확하지 않은 단어	전혀 의미를 모르는 처음 들어 보는 단어

2 각 단어를 구성하는 한자의 뜻, 단어의 사전적 정의를 이해하고,
대화를 통해 단어의 의미를 익혀 보세요.

1 **각광** : 脚光 다리 각, 빛 광

– 사회적 관심이나 흥미.

🧑 지난달까지 없어서 못 사던 감자칩이 이번 달부터 대폭 세일하더라.

👧 우리나라의 유행은 속도가 너무 빨라. 아무리 **각광**받아도 곧 시들해진다니까.

2 **소상** : 昭詳 밝힐 소, 자세할 상

– 분명하고 자세함.

👧 오빠! 이 시간까지 밖에서 뭐했어? 또 PC방 갔었지? 빨리 **소상**히 말해 봐.

🧑 제발 부탁인데 남의 일에 신경 꺼라.

유의어 **상세**

3 **치중** : 置重 둘 치, 무거울 중

– 어떠한 것에 특히 중점을 둠.

👧 너는 왜 항상 수학만 공부해? 다른 과목 공부는 안 해?

👧 엄마가 중학교 때는 수학에 **치중**해서 공부하라셨어.

유의어 **중시**

4 **결렬** : 決裂 결단할 결, 찢을 렬

– 갈래갈래 찢어짐.

🧑 그 선수는 메이저리그로 가는 것처럼 기사가 나왔는데 왜 소속팀에 주저앉았을까?

🧑 서로 생각하는 연봉의 차이가 너무 심해서 결국 막판에 협상이 **결렬**되었대.

유의어 **파탄**

5 **깜냥**

– 스스로 일을 헤아림. 또는 헤아릴 수 있는 능력.

🧑 너 헬스장에서 운동할 **깜냥**은 되니? 괜히 다치는 거 아냐?

🧑 고3이 되기 전에 근력을 키워 놔야 해. 공부도 결국 체력이 필요하거든.

유의어 **수준**

6 **만류** : 挽留 당길 만, 머무를 류

– 어떤 일을 하지 못하게 타일러 말림.

정훈이가 이번에도 또 1등이라지? 정훈이가 시험기간에 아프지 않았었나?

시험날 고열이 너무 심해서 어머니가 등교를 **만류**했는데, 뿌리치고 와서 시험 본 거래.

7 **부득이** : 不得已 아니 부, 얻을 득, 이미 이

– 마지못하여 하는 수 없이.

선생님, 오늘은 **부득이**한 사정이 있어서 숙제를 못 해 왔어요.

너는 부득이한 사정이 뭐 이렇게 많아? 다음부터는 안 봐준다!

8 **안배** : 按排 누를 안, 밀칠 배

– 알맞게 잘 배치하거나 처리함.

수학 시험에서 시간 부족으로 끝의 두 문제를 못 풀었어. 아는 문제였는데…….

수학 시험은 시간 **안배**도 실력이라고.

유의어 **처분, 균분**

9 **요행** : 徼幸 바랄 요, 요행 행

– 뜻밖에 얻는 행운.

시험 공부를 다 못 했어. 내가 공부한 곳에서만 문제가 나왔으면 좋겠다.

너 그렇게 **요행**을 바라다가 완전 망하는 수 있어!

유의어 **다행**

10 **절박** : 切迫 끊을 절, 핍박할 박

– 어떤 일이나 때가 가까이 닥쳐서 몹시 급함.

이번 네팔 지진으로 인한 사망자가 4천 명이 넘었어.

절박하게 구원의 손길을 기다리는 사람들도 만 명이 넘는대.

유의어 **촉박**

11 탐닉 : 耽溺 즐길 탐, 빠질 닉

－ 어떤 일을 몹시 즐겨서 거기에 빠짐.

연휴에 부모님이 여행을 가시는 바람에 3일 내내 게임 했어.

그렇게 게임에 **탐닉**하다가 폐인 된다. 정신 좀 차려, 친구야.

유의어 **몰두, 골몰, 몰입**

12 속설 : 俗說 풍속 속, 말씀 설

－ 세간에 전하여 내려오는 설이나 견해. 속된 이야기.

너 머리 완전 떡 졌어. 머리 좀 감고 다녀.

시험 날 머리를 감으면 공부한 것을 다 까먹는다는 **속설**이 있어서 안 감았어.

유의어 **항설**

13 경과 : 經過 지날 경, 지날 과

－ 시간이 지나감.

너희 반 어제 단체로 기합 받던데? 초등학생처럼 머리 위로 손 올리고!

5분 동안 벌 서라고 하셨는데, 1분 **경과**하니까 팔에서 쥐 날 뻔했어.

유의어 **과정, 변천**

14 안일 : 安逸 편안 안, 편안할 일

－ 편안하고 한가로움. 또는 편안함만을 누리려는 태도.

중학교 때는 대충 공부해도 연고대 이상은 갈 줄 알았어.

나도 그런 **안일**한 생각으로 살았는데, 고등학생이 되니 성적이 곤두박질쳤어.

15 통감 : 痛感 아플 통, 느낄 감

－ 마음에 사무치게 느낌.

너희 엄마 입원하셨다면서? 많이 편찮으시니?

엄마 잔소리가 귀찮았는데, 엄마가 아프시니까 엄마한테 잘해야겠다고 **통감**했어.

유의어 **절감**

16 겸상 : 兼床 겸할 겸, 평상 상

– 둘 또는 그 이상의 사람이 함께 음식을 먹을 수 있도록 차린 상.

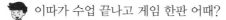 이따가 수업 끝나고 게임 한판 어때?

오늘은 안 돼. 아빠가 금요일은 무조건 온 가족이 함께 **겸상**하고 식사하는 날로
정하셨어.

17 낙후 : 落後 떨어질 낙(락), 뒤 후

– 기술이나 문화, 생활 따위의 수준이 일정한 기준에 미치지 못하고 뒤떨어짐.

낙후된 지역에서 명문대에 입학한 학생을 보면 정말 대단해. 비결이 뭘까?

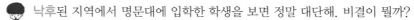 결국 공부는 환경보다 자신의 의지가 더 중요할지도 몰라.

유의어 **후진**

18 말미

– 어떤 일에 매인 사람이 다른 일로 말미암아 얻는 시간적인 틈.

영어 스피치 대회 대본 초안을 내야 하잖아. 다 썼어?

선생님이 사흘 **말미**를 주셨는데, 수행평가 마감일이랑 겹쳐서 큰일이야.

유의어 **겨를, 여가**

19 부연 : 敷衍 펼 부, 넓을 연

– 이해하기 쉽도록 설명을 덧붙여 자세히 말함.

선생님, 공집합의 개념이 잘 이해되지 않습니다.

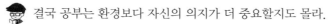 개념 설명을 들어도 잘 모르겠다면, 문제를 통해 **부연** 설명을 해 줘야겠네.

20 어중간 : 於中間 어조사 어, 가운데 중, 사이 간

– 거의 중간쯤 되는 곳. 또는 그런 상태.

학원 시간 얼마나 남았냐?

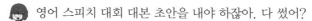 20분 남았는데, 게임 한판 하기에 **어중간**한 시간이네.

LEVEL 5

STEP 1
STEP 2
STEP 3
STEP 4
STEP 5

3 아래 설명된 의미의 단어를 써 보세요.

의 미	단 어
1 스스로 일을 헤아림. 또는 헤아릴 수 있는 능력.	
2 어떠한 것에 특히 중점을 둠.	
3 알맞게 잘 배치하거나 처리함.	
4 어떤 일을 몹시 즐겨서 거기에 빠짐.	
5 사회적 관심이나 흥미.	
6 갈래갈래 찢어짐.	
7 분명하고 자세함.	
8 마지못하여 하는 수 없이.	
9 뜻밖에 얻는 행운.	
10 어떤 일을 하지 못하게 타일러 말림.	
11 시간이 지나감.	
12 어떤 일에 매인 사람이 다른 일로 말미암아 얻는 시간적인 틈.	
13 세간에 전하여 내려오는 설이나 견해. 속된 이야기.	
14 편안하고 한가로움. 또는 편안함만을 누리려는 태도.	
15 어떤 일이나 때가 가까이 닥쳐서 몹시 급함.	
16 기술이나 문화, 생활 따위의 수준이 일정한 기준에 미치지 못하고 뒤떨어짐.	
17 마음에 사무치게 느낌.	
18 이해하기 쉽도록 설명을 덧붙여 자세히 말함.	
19 거의 중간쯤 되는 곳. 또는 그런 상태.	
20 둘 또는 그 이상의 사람이 함께 음식을 먹을 수 있도록 차린 상.	

정답 15개 이상 – 다음 단계 도전!

1 상자 안 단어의 의미에 대하여 생각해 보고, 이해하고 있는 수준에 따라
아래 표에 단어를 분류해 보세요.

☐ 우둔	☐ 정황	☐ 토로	☐ 난무	☐ 애환
☐ 파다	☐ 경시	☐ 남용	☐ 모색	☐ 사무치다
☐ 어쭙잖다	☐ 위탁	☐ 제고	☐ 통념	☐ 느물거리다
☐ 역부족	☐ 행간	☐ 계교	☐ 방책	☐ 냉엄

정확하게 의미를 알고 있는 단어	들어 본 적은 있으나 의미는 정확하지 않은 단어	전혀 의미를 모르는 처음 들어 보는 단어

LEVEL 5

STEP 1
STEP 2
STEP 3
STEP 4
STEP 5

2 각 단어를 구성하는 한자의 뜻, 단어의 사전적 정의를 이해하고,
대화를 통해 단어의 의미를 익혀 보세요.

---

1 **우둔** : 愚鈍 어리석을 우, 무딜 둔

– 어리석고 둔함.

> 물리 올림피아드에서 김진영이 1등 했다며? 난 진영이 공부 못하는 줄 알았는데?

> 걔가 눈빛이 희미하고 표정이 **우둔**해 보여서 그렇지 사실은 엄청난 천재라고.

유의어 **미련**

---

2 **정황** : 情況 뜻 정, 상황 황

– 일의 사정과 상황.

> 도난 사고는 끊임없이 일어나는데 범인을 가려낼 증거가 없으니 골치야.

> 여러 **정황**을 고려했을 때 누구 소행인지는 알겠는데, 물증이 없어.

---

3 **토로** : 吐露 토할 토, 이슬 로

– 마음에 있는 것을 죄다 드러내어서 말함.

> 현주랑 진희 좀 화해시켜 봐. 둘 다 나한테 와서 서로 억울함을 **토로**하는데 나만 난처해.

> 네가 남 얘기를 잘 들어 주니 그렇지.

유의어 **피력, 술회,**

---

4 **난무** : 亂舞 어지러울 난(란), 춤출 무

– 어지럽게 마구 추는 춤. 옳지 않은 것이 함부로 나타남.

> 네가 정환이한테 고백했는데 차였다며? 둘이 사귄다는 말도 있고. 뭐가 사실이야?

> 온갖 상상과 억측이 **난무**하고 있구나.

유의어 **뒤범벅**

---

5 **애환** : 哀歡 슬플 애, 기쁠 환

– 슬픔과 기쁨을 아울러 이르는 말.

> 요즘 드라마 〈미생〉이 왜 이렇게 인기가 많은 거야?

> 직장인들의 **애환**을 담았다는데, 우리 같은 고딩은 공감하기 어렵지.

유의어 **희비**

189

6 **파다** : 播多 뿌릴 파, 많을 다

‒ 소문 따위가 어느 곳에 널리 알려진 상태에 있음.

🧒 요즘 3반에서 철수가 애들한테 왕따를 당한다더라. 왜 그럴까?

🧒 철수가 안 좋은 사이트 회원이라는 소문이 **파다**해서 그럴 거야.

7 **경시** : 輕視 가벼울 경, 볼 시

‒ 대수롭지 않게 보거나 업신여김.

🧑 우리나라 가요는 너무 촌스럽지 않니? 역시 팝송이 세련됐지.

🧒 우리 문화를 **경시**하는 사람이나 갖는 편견이야. 지금 세계는 K–POP에 열광하고 있다고.

유의어 **무시, 멸시**

8 **남용** : 濫用 넘칠 남(람), 쓸 용

‒ 정해진 규정이나 범위를 벗어나서 함부로 쓰거나 행사함.

🧒 오늘 내 스타일 어때? 델리킷한 브라운 칼라로 그루미한 무드를 냈는데.

🧒 외국어 **남용**이 너무 심하다. 너는 잉글리쉬를 너무 많이 유즈하는 텐던시가 있어.

유의어 **과용, 남발, 오용**

9 **모색** : 摸索 본뜰 모, 찾을 색

‒ 일이나 사건 따위를 해결할 수 있는 방법이나 실마리를 더듬어 찾음.

🧑 자습서 살 돈을 잃어버렸는데 엄마한테 말하면 다른 데 쓴 거 아니냐고 하실 것 같아서 걱정이야.

🧑 그러니까 평소에 신용을 쌓았어야지. 아무튼 함께 해결 방안을 **모색**해 보자.

10 **사무치다**

‒ 깊이 스며들거나 멀리까지 미치다.

🧒 전학 온지 한 달이 넘었는데 적응 좀 됐어?

🧒 처음에는 지난 학교 친구들이 **사무치게** 그리웠는데 요즘에는 너희들이 더 좋아.

유의어 **뼈저리다**

LEVEL 5

STEP 1
STEP 2
STEP 3
STEP 4
STEP 5

11 어쭙잖다

– 아주 서투르고 어설프다. 또는 아주 시시하고 보잘것없다.

반장이면 다야? 무슨 일 있을 때마다 저렇게 어쭙잖은 충고를 하니 눈꼴 셔 못 봐 주겠어.

반장 되는 것이 소원이었다잖아. 그냥 귓등으로 듣고 넘기면 되지.

12 위탁 : 委託 맡길 위, 부탁할 탁

– 남에게 사물이나 사람의 책임을 맡김.

이번 우리 학교 축제를 인근 다른 학교들과 연합으로 추진하게 되었어!

행사가 커지겠는걸? 전문가에게 행사 기획을 위탁해야 하는 것 아냐?

유의어 부탁, 위임

13 제고 : 提高 끌 제, 높을 고

– 쳐들어 높임.

아무도 듣지 않는 클래식 음악을 전공하는 게 잘하는 짓일까? 진로에 고민이 많아.

사실 대중음악의 인기가 제고되면서 클래식 음악은 관심이 시들해진 것 같아.

14 통념 : 通念 통할 통, 생각 념

– 일반적으로 널리 통하는 개념.

지방은 무조건 몸에 안 좋다는 통념은 사실이 아니야. 좋은 지방도 있다고.

너처럼 사람이 코끼리만큼 많이 먹어도 된다는 정보는 못 찾았니?

유의어 통설

15 느물거리다

– 말이나 행동을 자꾸 능글맞게 하다.

요즘에 자꾸 나한테 느물거리는 애가 있어서 정말 짜증 나.

너를 좋아하는 거네. 인기 많다고 은근 자랑한다, 너?

유의어 능글능글하다

16 역부족 : 力不足 힘 역(력), 아닐 부, 발 족

– 힘이나 기량 따위가 모자람.

 B급 아이템으로 S급을 이기기엔 **역부족**이야!

 맞아, '현질'이 필요해.

17 행간 : 行間 다닐 행, 사이 간

– 글줄과 글줄의 사이. 글에 직접적으로 나타나 있지 아니하나 그 글을 통하여 나타내려고 하는 숨은 뜻을 비유적으로 이르는 말.

 정훈이는 이해력이 참 좋은 것 같아. 어려운 책도 금방 이해해.

 행간을 읽어 내는 능력이 남다르다니까. 언어영역에서는 그것이 중요하지.

유의어 **자간**

18 계교 : 計巧 셀 계, 공교할 교

– 요리조리 헤아려 보고 생각해 낸 꾀.

 「토끼전」에서 토끼의 성격을 쓰라는데 뭐라 할지 모르겠어.

 토끼는 위험에 빠지지만 얍삽한 **계교**로 문제를 해결하는 인물이라고 써.

유의어 **계략, 꿍꿍이**

19 방책 : 方策 모 방, 꾀 책

– 방법과 꾀를 아울러 이르는 말.

 'Honesty is the best policy.' 영어 속담인데 해석 좀 해 줘.

 정직은 최상의 **방책**이다.

유의어 **방안, 대책**

20 냉엄 : 冷嚴 찰 냉, 엄할 엄

– 냉정하고 엄격함.

 이번 수학 시험 망했다. 완전 어렵지 않았니?

 냉엄하게 말하자면, 이번 수학 시험 되게 쉬웠어. 미안하다, 친구야.

유의어 **냉혹**

3 아래 설명된 의미의 단어를 써 보세요.

의 미	단 어
1 슬픔과 기쁨을 아울러 이르는 말.	
2 일의 사정과 상황.	
3 정해진 규정이나 범위를 벗어나서 함부로 쓰거나 행사함.	
4 남에게 사물이나 사람의 책임을 맡김.	
5 마음에 있는 것을 죄다 드러내어서 말함.	
6 일이나 사건 따위를 해결할 수 있는 방법이나 실마리를 더듬어 찾음.	
7 어지럽게 마구 추는 춤. 옳지 않은 것이 함부로 나타남.	
8 소문 따위가 어느 곳에 널리 알려진 상태에 있음.	
9 어리석고 둔함.	
10 깊이 스며들거나 멀리까지 미치다.	
11 대수롭지 않게 보거나 업신여김.	
12 냉정하고 엄격함.	
13 아주 서투르고 어설프다. 또는 아주 시시하고 보잘것없다.	
14 일반적으로 널리 통하는 개념.	
15 쳐들어 높임.	
16 말이나 행동을 자꾸 능글맞게 하다.	
17 요리조리 헤아려 보고 생각해 낸 꾀.	
18 글줄과 글줄의 사이, 글에 직접적으로 나타나 있지 아니하나 그 글을 통하여 나타내려고 하는 숨은 뜻을 비유적으로 이르는 말.	
19 힘이나 기량 따위가 모자람.	
20 방법과 꾀를 아울러 이르는 말.	

정답 15개 이상 – 다음 단계 도전!

1 상자 안 단어의 의미에 대하여 생각해 보고, 이해하고 있는 수준에 따라
아래 표에 단어를 분류해 보세요.

☐ 무산　　☐ 살포　　☐ 에누리　　☐ 위화감　　☐ 제어

☐ 편협　　☐ 대두　　☐ 와전　　☐ 현황　　☐ 고지식하다

☐ 농후　　☐ 물색　　☐ 섭렵　　☐ 여지　　☐ 유사시

☐ 지명도　　☐ 해박　　☐ 무고　　☐ 의탁　　☐ 황망

정확하게 의미를 알고 있는 단어	들어 본 적은 있으나 의미는 정확하지 않은 단어	전혀 의미를 모르는 처음 들어 보는 단어

2 각 단어를 구성하는 한자의 뜻, 단어의 사전적 정의를 이해하고,
대화를 통해 단어의 의미를 익혀 보세요.

1 무산 : 霧散 안개 무, 흩을 산

– 안개가 걷히듯 흩어져 없어짐. 흐지부지 취소됨.

　너 뭐야. 이번 주 일본으로 가족 여행 간다더니 아직 안 갔어?

　응. 아빠가 급한 일이 생기셔서 여행이 다 **무산**됐어. 아오!

2 살포 : 撒布 뿌릴 살, 펼 포

– 액체나 기체 상태의 물질이나 약품을 공중으로 뿜어서 뿌리는 것. 금품, 전단 등을 여러 사람에게 나누어 줌.

　주말 오전부터 왜 만나자고 난리야? 집에 무슨 일 있어?

　오전에 우리 아파트 전체에 소독약을 **살포**한대. 냄새 나니까 엄마가 나갔다 오라셔.

3 에누리

– 값을 깎는 일.

　한번밖에 안 신은 나이키 운동화야. 정가보다 2만 원이나 싸게 파는 거야.

　그래도 중고인데, 반값으로 **에누리**해 줘. 응?

4 위화감 : 違和感 어긋날 위, 화할 화, 느낄 감

– 조화되지 않은 어설픈 느낌.

　방학 때 뉴질랜드로 영어캠프 다녀온 것 어땠어?

　처음에는 영어 잘하는 사람들이 너무 많아서 **위화감**이 들었는데 곧 익숙해졌어.

5 제어 : 制御 절제할 제, 막을 어

– 상대편을 억눌러서 제 마음대로 다룸.

　너는 학원을 도대체 몇 개나 다니는 거야?

　다섯 개. 나는 어쩔 때는 엄마가 집에서 **제어**하는 로봇 같은 느낌이 들어.

유의어 **절제, 통제**

6 편협 : 偏狹 치우칠 편, 좁을 협

– 한쪽으로 치우쳐 도량이 좁고 너그럽지 못함.

🧑 독서 동아리에서 태준이가 문제를 일으키고 있다던데.

🧑 자기만의 편협한 독서 취향을 모든 친구들에게 강요하고 있어서 분란이 생겼지.

유의어 **협소**

7 대두 : 擡頭 들 대, 머리 두

– 머리를 쳐든다는 뜻으로, 어떤 세력이나 현상이 새롭게 나타남을 이르는 말.

🧑 우리나라 교육과정에서 수학이 사라진다는 소문이 대두되고 있어.

🧑 그런 소문은 금시초문인걸. 너 혼자만의 희망사항 아니니?

8 와전 : 訛傳 그릇될 와, 전할 전

– 그 본래의 뜻이나 내용을 잘못되게 바꾸어 전하는 것.

👧 유미와 진호가 헤어졌대.

👧 둘이 사귀지도 않았는데 어떻게 헤어져? 체육대회 이인삼각 달리기 한 번으로 말이 거기까지 와전된 거야?

9 현황 : 現況 나타날 현, 상황 황

– 현재의 상황.

🧑 엄마, 저는 방에서 공부하고 있을 테니, 류현진 선수 경기 현황을 계속해서 알려주세요.

👩 그렇게 공부하느니 차라리 나와서 보고 들어가거라.

10 고지식하다

– 성질이 곧아 융통성이 없다.

🧑 영미한테 돼지라고 놀렸다가 엄청 욕 먹었어. 농담에 그렇게 화를 내다니, 걔는 너무 고지식해.

🧑 네가 잘못했네. 여자애들은 돼지라는 말에 제일 민감해. 너는 이미 아웃이야.

유의어 **우직하다, 답답하다**

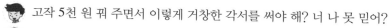

11 농후 : 濃厚 짙을 농, 두터울 후

– 빛깔이 진하거나 짙음. 어떤 경향이나 기색 따위가 뚜렷함.

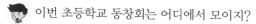 고작 5천 원 꿔 주면서 이렇게 거창한 각서를 써야 해? 너 나 못 믿어?

당연히 못 믿지. 이렇게 하지 않으면 오빠한테 돈을 못 받을 가능성이 **농후**해.

유의어 **다분**

12 물색 : 物色 물건 물, 빛깔 색

– 어떤 기준으로 거기에 알맞은 사람이나 물건, 장소를 고르는 일.

이번 초등학교 동창회는 어디에서 모이지?

대부분의 친구들이 좋아할 만한, 분위기 좋은 곳을 **물색**해 볼게!

유의어 **탐색**

13 섭렵 : 涉獵 건널 섭, 사냥 렵

– 물을 건너 찾아다닌다는 뜻으로, 많은 책을 널리 읽거나 여기저기 찾아다니며 경험함을 이르는 말.

시험도 끝났는데, 요즘 추천할 만한 만화책 있어?

어떤 장르를 원해? 내가 또 만화는 장르 불문하고 다 **섭렵**했지!

14 여지 : 餘地 남을 여, 땅 지

– 어떤 일을 하거나 어떤 일이 일어날 가능성이나 희망.

너 유학 간다며? 안 간다고 해 보지 그래?

지난번에 사고 친 것 때문에 나에겐 선택의 **여지**가 전혀 없어. 부모님 뜻을 따라
야 해.

유의어 **빈틈, 여유**

15 유사시 : 有事時 있을 유, 일 사, 때 시

– 급하거나 비상한 일이 일어날 때.

너는 펜이 왜 이렇게 많아? 나 하나만 주면 안 돼?

안 돼. 모두 다 내가 **유사시**에 쓰려고 일부러 모아 놓은 펜이란 말이야.

16 지명도 : 知名度 알 지, 이름 명, 법도 도

– 세상에 이름이 널리 알려진 정도.

🧒 나는 꽃이 좋아서 평생 꽃을 만지는 직업을 갖고 싶은데, 부모님은 나랑 생각이 다르셔.

🧒 어른들은 일단 **지명도** 있는 대학을 가는 것을 원하시지.

17 해박 : 該博 갖출 해, 넓을 박

– 모든 것을 널리 앎.

🧑 국사 선생님 수업을 들으면 그 **해박**한 지식에 입이 떡 벌어져.

🧑 오죽하면 별명이 백과사전이잖아. 이 세상의 모든 지식이 다 머릿속에 있는 느낌이야.

유의어 **박식, 유식**

18 무고 : 無辜 없을 무, 허물 고

– 아무런 잘못이나 허물이 없음.

🧒 세월호 참사는 안전불감증이 낳은 인재야.

🧒 **무고**하게 희생된 시민과 학생들을 생각하면 정말 눈물이 나.

유의어 **결백, 무구**

19 의탁 : 依託 의지할 의, 부탁할 탁

– 몸이나 마음을 의지하여 맡김.

🧒 우리 오빠는 시험 때만 되면 학원 선생님한테 예상 문제를 찍어 달라고 생떼를 부려.

🧒 그래? 너희 오빠가 결과에 대한 책임을 학원 선생님한테 **의탁**하는 것은 아닐까?

유의어 **의뢰**

20 황망 : 慌忙 어리둥절할 황, 바쁠 망

– 마음이 몹시 급하여 당황하고 허둥지둥하는 면이 있음.

🧑 태준이 아버님이 교통사고로 급작스럽게 돌아가셨다네.

🧑 정말? 너무 **황망**하겠다. 당분간 우리 모두 태준이한테 마음 많이 써 주자.

3 아래 설명된 의미의 단어를 써 보세요.

의 미	단 어
1 조화되지 않은 어설픈 느낌.	
2 한쪽으로 치우쳐 도량이 좁고 너그럽지 못함.	
3 현재의 상황.	
4 값을 깎는 일.	
5 그 본래의 뜻이나 내용을 잘못되게 바꾸어 전하는 것.	
6 머리를 쳐든다는 뜻으로, 어떤 세력이나 현상이 새롭게 나타남을 이르는 말.	
7 안개가 걷히듯 흩어져 없어짐. 흐지부지 취소됨.	
8 빛깔이 진하거나 짙음. 어떤 경향이나 기색 따위가 뚜렷함.	
9 액체나 기체 상태의 물질이나 약품을 공중으로 뿜어서 뿌리는 것. 금품, 전단 등을 여러 사람에게 나누어 줌.	
10 세상에 이름이 널리 알려진 정도.	
11 물을 건너 찾아다닌다는 뜻으로, 많은 책을 널리 읽거나, 여기저기 찾아다니며 경험함을 이르는 말.	
12 상대편을 억눌러서 제 마음대로 다룸.	
13 모든 것을 널리 앎.	
14 급하거나 비상한 일이 일어날 때.	
15 성질이 곧아 융통성이 없다.	
16 마음이 몹시 급하여 당황하고 허둥지둥하는 면이 있음.	
17 어떤 일을 하거나 어떤 일이 일어날 가능성이나 희망.	
18 아무런 잘못이나 허물이 없음.	
19 몸이나 마음을 의지하여 맡김.	
20 어떤 기준으로 거기에 알맞은 사람이나 물건, 장소를 고르는 일.	

🔊 정답 15개 이상 - 다음 단계 도전!

1 상자 안 단어의 의미에 대하여 생각해 보고, 이해하고 있는 수준에 따라
아래 표에 단어를 분류해 보세요.

☐ 고취   ☐ 대처   ☐ 물의   ☐ 소생   ☐ 연유

☐ 융통성   ☐ 지참   ☐ 호전적   ☐ 부합   ☐ 인솔

☐ 가공   ☐ 관철   ☐ 도처   ☐ 미진   ☐ 소장

☐ 예속   ☐ 이죽거리다 ☐ 징후   ☐ 회유   ☐ 사활

정확하게 의미를 알고 있는 단어	들어 본 적은 있으나 의미는 정확하지 않은 단어	전혀 의미를 모르는 처음 들어 보는 단어

2 각 단어를 구성하는 한자의 뜻, 단어의 사전적 정의를 이해하고,
대화를 통해 단어의 의미를 익혀 보세요.

---

1 고취 : 鼓吹 북 고, 불 취

– 의견이나 사상 따위를 열렬히 주장하여 불어넣음. 용기나 기운을 북돋워 일으킴.

　🧑 너희 반 요즘 자습 시간에 열심히 공부하더라. 갑자기 왜 그래?

　🧑 담임 선생님께서 애들 한 명 한 명 일일이 다 격려를 해 주셨어. 칭찬에 **고취**되어
　　반 분위기가 달라졌지.

유의어 **격려, 선전**

---

2 대처 : 對處 대할 대, 곳 처

– 어떤 정세나 사건에 대하여 알맞은 조치를 취함.

　🧑 잘못한 일에는 발 빠르게 용서를 비는 것이 최고의 **대처** 방안이야.

　🧑 PC방에서 엄마한테 걸렸다더니 싹싹 빌었구나! 생각보다 많이 안 혼났나 봐?

유의어 **대비, 대응**

---

3 물의 : 物議 물건 물, 의논할 의

– 여러 사람이 어떤 사람이나 단체에 대해 이러니 저러니 하는 논의나 평판.

　🧑 특목고 합격생 중에 자격 미달의 특권층 자녀가 포함되어 있었다며?

　🧑 그 학교는 작년에 입시 비리로 **물의**를 빚어서, 올해 특별 감사 대상이래.

유의어 **문제, 분쟁**

---

4 소생 : 蘇生 되살아날 소, 날 생

– 거의 죽어 가다가 다시 살아남.

　👧 우리 '짱구'가 거의 **소생**될 가능성이 없대. 노환이라나 봐.

　👧 개도 사람만큼 수명이 길면 좋을 텐데. 어떡하니, 너무 가엾다.

유의어 **회생, 갱생, 재생**

---

5 연유 : 緣由 인연 연, 말미암을 유

– 일의 까닭이나 이유.

　🧑 무슨 **연유**로 들어가기 힘들다는 그 학원을 그만두었어?

　🧑 말도 마. 숙제가 많아서 도저히 다른 과목을 공부할 시간이 없었어.

유의어 **사유**

6 융통성 : 融通性 녹을 융, 통할 통, 성품 성

– 그때그때의 사정과 형편을 보아 일을 처리하는 재주.

목요일 12시까지 조별 과제 안 내면 모두 0점 처리하시겠대.

문학 선생님은 **융통성** 없기로 소문 났으니 1분만 늦어도 안 될 거야. 시간 잘 지키자.

7 지참 : 持參 가질 지, 참여할 참

– 무엇을 가지고서 모임 따위에 참여함.

수능 볼 때는 수험표랑 신분증을 반드시 **지참**해야 해.

맞아. 작년에 우리 학교에 신분증 없어서 입실하지 못한 선배가 있었어.

유의어 **소지**

8 호전적 : 好戰的 좋을 호, 싸움 전, 과녁 적

– 싸움하기를 좋아함.

야! 너 또 내 샤프 말도 없이 가져갔지? 당장 안 내놔?

오늘따라 왜 이렇게 **호전적**으로 말을 하니? 뭐 화나는 일 있어?

9 부합 : 附合 붙을 부, 합할 합

– 서로 맞대어 붙임.

너 연극부 면접 봤다며? 합격했어?

당연하지. 내가 바로 연극부에서 바라는 조건에 모두 다 **부합**하는 인재 아니겠어?

유의어 **일치**

10 인솔 : 引率 끌 인, 거느릴 솔

– 사람들을 거느리거나 데리고 감.

방학 동안 유럽 여행 다녀왔다며? 어땠어?

인솔하는 가이드가 너무 친절하고 세심해서 불편함 없이 다녀왔어.

유의어 **인도**

11 **가공** : 可恐 가히 가, 두려워할 공

－ 두려워하거나 놀랄 만함.

> 'EXO' 콘서트 티켓이 1분 만에 매진됐대. 나도 도전했는데 결국 티켓을 못 샀어.

> 진짜? 'EXO' 팬들의 힘은 역시 **가공**할 만하다.

12 **관철** : 貫徹 꿸 관, 통할 철

－ 어려움을 뚫고 나아가 목적을 기어이 이룸.

> 미영이는 친절한 것 같으면서도 무언가 만만하지 않아.

> 친구들 의견을 다 들어주는 듯한데, 결국 자기 의견을 **관철**시키지. 무서운 애야.

13 **도처** : 到處 이를 도, 곳 처

－ 여러 곳.

> 피겨 스케이트 경기를 볼 때마다 밴쿠버 동계 올림픽 때의 감동이 생각나.

> 전국 **도처**에서 김연아 선수를 향한 응원소리가 한꺼번에 울렸었지.

유의어 **각처, 각지**

14 **미진** : 未盡 아닐 미, 다할 진

－ 다하지 못함.

> 정훈이한테 전교 1등의 비결이 뭐냐고 물어보니, **미진**한 구석이 없을 때까지 완벽하게 공부하는 거래.

> 난 완벽한 구석이라고는 한 군데도 없는 상태로 시험을 보는데, 정말 다르네.

15 **소장** : 所藏 바 소, 감출 장

－ 자기의 것으로 지니어 간직함.

> 너는 이 영화를 엄청 좋아하나 보구나? 대체 몇 번째 보는 거야?

> 열 번도 넘을 거야. 감독판 DVD도 **소장**하고 있는걸.

16 예속 : 隷屬 종 예(례), 무리 속

– 남의 지배나 지휘 아래 매임.

 역사 시간에 졸았어. 오늘 수업 시간에 진도 나간 내용 좀 가르쳐 줘.

 강대국들이 산업화가 늦은 동남아시아, 인도의 풍부한 자원과 싼 인건비를 노리고, 그 나라 경제를 자신들의 밑으로 예속시킨다는 내용이었어.

유의어 **종속**

17 이죽거리다

– 이기죽거리다. 자꾸 밉살스럽게 지껄이며 짓궂게 빈정거리다.

 너 이번 시험 망했다면서? 언제는 완벽하게 다 준비하셨다더니?

 안 그래도 기분 안 좋은데 옆에서 자꾸 이죽거리지 마.

18 징후 : 徵候 부를 징, 기후 후

– 겉으로 나타나는 낌새.

 나 어제 길 가다 똥을 밟고 미끄러져서 똥통에 빠지는 꿈을 꿨어.

 와! 로또에 당첨될 징후인 것 같아.

유의어 **조짐, 징조**

19 회유 : 懷柔 품을 회, 부드러울 유

– 어루만지고 잘 달래어 시키는 말을 듣도록 함.

 엄마가 치과 치료를 잘 받으면, 새 운동화를 사 주겠다고 자꾸 회유하셔.

 어차피 치료는 받아야 하잖아. 운동화도 사 주신다는데 이득이네.

20 사활 : 死活 죽을 사, 살 활

– 죽느냐 사느냐의 문제. 죽고 사는 문제.

 이번에 반드시 우리 농구팀이 우승해야 해!

 맞아. 이번 경기는 우리 팀의 사활이 걸린 경기니까 미친 듯이 뛰어 보자!

유의어 **생사**

3 아래 설명된 의미의 단어를 써 보세요.

의 미	단 어
1 거의 죽어 가다가 다시 살아남.	
2 어떤 정세나 사건에 대하여 알맞은 조치를 취함.	
3 일의 까닭이나 이유.	
4 그때그때의 사정과 형편을 보아 일을 처리하는 재주.	
5 서로 맞대어 붙임.	
6 두려워하거나 놀랄 만함.	
7 의견이나 사상 따위를 열렬히 주장하여 불어넣음. 용기나 기운을 북돋워 일으킴.	
8 무엇을 가지고서 모임 따위에 참여함.	
9 다하지 못함.	
10 여러 사람이 어떤 사람이나 단체에 대해 이러니 저러니 하는 논의나 평판.	
11 남의 지배나 지휘 아래 매임.	
12 사람들을 거느리거나 데리고 감.	
13 어려움을 뚫고 나아가 목적을 기어이 이룸.	
14 싸움하기를 좋아함.	
15 죽느냐 사느냐의 문제, 죽고 사는 문제.	
16 여러 곳.	
17 자기의 것으로 지니어 간직함.	
18 어루만지고 잘 달래어 시키는 말을 듣도록 함.	
19 이기죽거리다. 자꾸 밉살스럽게 지껄이며 짓궂게 빈정거리다.	
20 겉으로 나타나는 낌새.	

정답 15개 이상 – 다음 단계 도전!

205

1 상자 안 단어의 의미에 대하여 생각해 보고, 이해하고 있는 수준에 따라
아래 표에 단어를 분류해 보세요.

☐ 자조   ☐ 간언   ☐ 귀애하다   ☐ 둔탁하다   ☐ 바야흐로

☐ 쇄신   ☐ 오인   ☐ 인습   ☐ 참담   ☐ 흠모

☐ 소견   ☐ 쟁점   ☐ 격앙   ☐ 규명   ☐ 득세

☐ 박진감   ☐ 수완   ☐ 옥석   ☐ 작위적   ☐ 치졸

정확하게 의미를 알고 있는 단어	들어 본 적은 있으나 의미는 정확하지 않은 단어	전혀 의미를 모르는 처음 들어 보는 단어

2 각 단어를 구성하는 한자의 뜻, 단어의 사전적 정의를 이해하고,
대화를 통해 단어의 의미를 익혀 보세요.

---

1 **자조** : 自嘲 스스로 **자**, 비웃을 **조**

– 자기를 비웃음.

> 1920년대 소설을 보면 폐인이 된 지식인들이 왜 그렇게 많이 등장하지?

> 지식은 많은데 할 수 있는 일은 없으니 **자조**적 태도로 세상을 비웃으며 사는 거지.

2 **간언** : 諫言 간할 **간**, 말씀 **언**

– 웃어른이나 임금에게 옳지 못하거나 잘못된 일을 고치도록 하는 말.

> 역사를 공부하다 보면 성공한 군주 밑에는 꼭 위대한 충신이 있었어.

> 지혜로운 왕은 그 충신의 **간언**에 귀를 기울였지.

유의어 **충언, 조언**

3 **귀애하다** : 貴愛 - - 귀할 **귀**, 사랑 **애**

– 귀엽게 여겨 사랑하다.

> 우리 할아버지는 동생은 마냥 **귀애**하면서도 나한테는 너무 엄격하셔.

> 그것이 맏이들의 불만이지. 그래도 속으로는 너를 더 듬직하게 여기실 거야.

유의어 **총애하다**

4 **둔탁하다** : 鈍濁 - - 둔할 **둔**, 흐릴 **탁**

– 모양이 거칠고 투박하다. 소리가 굵고 거칠며 깊다. 행동이 굼뜨고 흐리터분하다.

> 이 **둔탁한** 소리는 뭐지?

> 위층에서 뭔가 무거운 물건을 바닥에 떨어뜨린 것 같은데?

유의어 **둔중하다**

5 **바야흐로**

– 이제 한창. 또는 지금 바로.

> **바야흐로** 새봄이 왔어! 가로수 벚꽃이 너무 예뻐서 요즘에는 집에 걸어간다.

> 나도 요즘에는 막 야외에서 놀고 싶어. 근데 중간고사가 코앞이라니!

유의어 **막, 시방**

6 쇄신 : 刷新 쓸 쇄, 새 신

– 그릇된 것이나 묵은 것을 버리고 새롭게 함.

🧒 요즘 날도 화창한데 너희 반 어제 야외수업 하더라? 부러웠어.

🧒 선생님께서 공부 안 한다며 무섭게 혼내시고는, 분위기 **쇄신**차 밖에서 수업하셨어.

유의어 **일신, 개혁**

7 오인 : 誤認 그르칠 오, 알 인

– 잘못 보거나 잘못 생각함.

🧒 너 왜 그래? 얼굴이 빨개.

🧒 모르는 사람을 너로 **오인**해서 뒤에서 살짝 팔짱을 꼈어. 생각할수록 창피해.

유의어 **오판**

8 인습 : 因襲 인할 인, 엄습할 습

– 이전부터 전하여 내려오는 낡은 습속.

🧒 너 '전족'이 무엇인지 알아?

🧒 오래전에 중국에 있던 안 좋은 **인습** 중 하나지. 여자의 발을 못 자라도록 묶어 놓았다고 하던데, 생각만 해도 끔찍하다.

유의어 **풍습, 전통**

9 참담 : 慘憺 참혹할 참, 참담할 담

– 끔찍하고 절망적임.

🧒 여름휴가로 가족과 함께 동해 바다에 다녀왔어. 너는 어디에 갔었니?

🧒 나는 제주도에 갔었는데, 한라산 중턱에서 노루가 로드킬 당한 **참담**한 광경을 보았어.

유의어 **참혹, 비참**

10 흠모 : 欽慕 공경할 흠, 사모할 모

– 기쁜 마음으로 공경하며 사모함.

🧒 영희는 담임 선생님을 **흠모**한대. 중증 상사병이라는데?

🧒 영희네 담임 선생님은 잘생긴 총각 선생님이잖아. 그럴 만도 하지.

유의어 **염모**

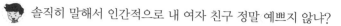

11 **소견** : 所見 바 소, 볼 견

– 어떤 일이나 사물을 살펴보고 가지게 되는 생각이나 의견.

솔직히 말해서 인간적으로 내 여자 친구 정말 예쁘지 않냐?

미안한데, 친구야. 나의 **소견**으로 볼 때 너는 콩깍지가 단단히 씐 것 같아.

유의어 **견해**

12 **쟁점** : 爭點 다툴 쟁, 점 점

– 서로 다투는 중심이 되는 점.

논술에서 점수를 잘 받기 위해서는 **쟁점**이 무엇인지 정확하게 파악해야 해.

나는 매번 거기에서 헷갈려 엉뚱한 주장을 펼치게 되더라고.

유의어 **논점**

12 **격앙** : 激昂 격할 격 , 밝을 앙

– 기운이나 감정 따위가 격렬히 일어나 높아짐.

너는 시험을 그렇게 망치고도, 이 늦은 시간까지 속 편히 놀고 싶니?

다음에 잘 보면 되지, 뭘 그렇게 **격앙**해서 화를 내고 그러세요. 릴렉스~

14 **규명** : 糾明 얽힐 규, 밝을 명

– 어떤 사실을 자세히 따져서 바로 밝힘.

이상하게 내가 친구한테 이야기한 비밀들을 여동생이 다 알고 있어.

당장 원인을 **규명**해야겠네. 휴대폰 비밀번호부터 바꿔.

15 **득세** : 得勢 얻을 득, 권세 세

– 세력을 얻음. 형세가 유리해짐.

개화기 우리나라는 여러 외세들이 서로 **득세**하려고 각축을 벌이는 전쟁터였어.

일본, 청나라, 러시아까지 조선을 둘러싼 모든 나라가 개입되어 있었지.

16 **박진감** : 迫眞感 핍박할 박, 참 진, 느낄 감

– 표현 등이 실제와 가까운 느낌.

만우절 장난이 날이 갈수록 치밀해지고 있어.

나는 아까 민수와 태준이가 하도 **박진감** 넘치게 싸워서 진짜 놀랐어. 장난이었대.

209

17 수완 : 手腕 손 수, 팔뚝 완
– 일을 꾸미거나 치러 나가는 재간.

봉이 김선달은 정말 장사 **수완**이 좋은 사람인 것 같아.

맞아. 어떻게 대동강 물을 팔아 돈을 벌 생각을 했을까?

유의어 **기교, 솜씨**

18 옥석 : 玉石 구슬 옥, 돌 석
– 옥과 돌이라는 뜻으로, 좋은 것과 나쁜 것을 구분함을 이르는 말.

'수퍼스타K'를 보면 정말 대단하지 않니? 이 세상에 노래 잘하는 사람들은 다 모인 것 같아.

그런데 전문 심사위원들은 그중에서 **옥석**을 가려 진짜 수퍼스타를 찾아내잖아.

19 작위적 : 作爲的 지을 작, 할 위, 과녁 적
– 꾸며서 하는 것이 두드러지게 눈에 띔.

백화점 안내원들은 친절하기는 하지만 미소도 말투도 너무 **작위적**이야. 진정성이 없어.

나는 좋기만 하더라. 그럼 너는 진심을 담아 퉁명스럽게 대해 주면 좋겠냐?

유의어 **인공적**

20 치졸 : 稚拙 어릴 치, 옹졸할 졸
– 유치하고 졸렬함.

어제 우리 오빠의 행동은 정말 **치졸**했어. 엄마한테 내 남친 이야기를 폭로했어.

난 그런 오빠라도 있었으면 좋겠다.

3 아래 설명된 의미의 단어를 써 보세요.

의 미	단 어
1 귀엽게 여겨 사랑하다.	
2 이제 한창. 또는 지금 바로.	
3 끔찍하고 절망적임.	
4 자기를 비웃음.	
5 그릇된 것이나 묵은 것을 버리고 새롭게 함.	
6 웃어른이나 임금에게 옳지 못하거나 잘못된 일을 고치도록 하는 말.	
7 어떤 일이나 사물을 살펴보고 가지게 되는 생각이나 의견.	
8 모양이 거칠고 투박하다. 소리가 굵고 거칠며 깊다. 행동이 굼뜨고 흐리터분하다.	
9 이전부터 전하여 내려오는 낡은 습속.	
10 잘못 보거나 잘못 생각함.	
11 기쁜 마음으로 공경하며 사모함.	
12 일을 꾸미거나 치러 나가는 재간.	
13 세력을 얻음. 형세가 유리해짐.	
14 유치하고 졸렬함.	
15 서로 다투는 중심이 되는 점.	
16 옥과 돌이라는 뜻으로, 좋은 것과 나쁜 것을 구분함을 이르는 말.	
17 꾸며서 하는 것이 두드러지게 눈에 띔.	
18 기운이나 감정 따위가 격렬히 일어나 높아짐.	
19 어떤 사실을 자세히 따져서 바로 밝힘.	
20 표현 등이 실제와 가까운 느낌.	

😀 정답 15개 이상 – 다음 단계 도전!

1 다음 뜻에 알맞은 단어를 서로 연결하시오.

① 부연　　　　　　이전부터 전하여 내려오는 낡은 습속.

② 토로　　　　　　어떤 사실을 자세히 따져서 바로 밝힘.

③ 부합　　　　　　이해하기 쉽도록 설명을 덧붙여 자세히 말함.

④ 인습　　　　　　서로 맞대어 붙임.

⑤ 규명　　　　　　마음에 있는 것을 죄다 드러내어서 말함.

2 제시된 초성을 참고하여 단어의 뜻풀이를 완성하시오.

① 난무 – (ㅇㅈㄹㄱ) 마구 추는 춤. 옳지 않은 것이 함부로 나타남.

② 무산 – (ㅇㄱ)가 걷히듯 흩어져 없어짐. 흐지부지 취소됨.

③ 연유 – 일의 (ㄲㄷ)이나 (ㅇㅇ).

④ 고지식하다 – 성질이 곧아 (ㅇㅌㅅ)이 없다.

3 단어의 정의를 생각하며 다음 한자의 의미를 쓰시오.

① 탐닉 : 耽(　　) 溺(　　) – 어떤 일을 몹시 즐겨서 거기에 빠짐.

② 자조 : 自(　　) 嘲(　　) – 자기를 비웃음.

③ 경시 : 輕(　　) 視(　　) – 대수롭지 않게 보거나 업신여김.

④ 남용 : 濫(　　) 用(　　) – 정해진 규정이나 범위를 벗어나서 함부로 쓰거나 행사함.

4 다음의 글자들을 조합하여 뜻풀이에 알맞은 어휘를 쓰시오.

자	수	모	현	장	대	두	안	조	거	수	도
섭	렵	색	화	주	진	상	만	보	격	앙	온

① (   ) – 일이나 사건 따위를 해결할 수 있는 방법이나 실마리를 더듬어 찾음.

② (   ) – 머리를 쳐든다는 뜻으로, 어떤 세력이나 현상이 새롭게 나타남을 이르는 말.

③ (   ) – 기운이나 감정 따위가 격렬히 일어나 높아짐.

④ (   ) – 물을 건너 찾아다닌다는 뜻으로, 많은 책을 널리 읽거나 여기저기 찾아다니며 경험함을
이르는 말.

5 예시문의 ( )에 들어갈 알맞은 말을 〈보기〉에서 찾아 쓰시오.

박진감	치중	깜냥	관철	편협

① 모두가 자기가 태어난 능력을 갖고 (   )대로 살아가기 마련이다.

② 그렇게 (   )한 사고방식으로는 급변하는 사회에 적응하기 어렵다.

③ 대표선수들은 수비에 (   )하면서 짬짬이 공격할 틈을 노렸다.

④ '어벤져스' 시리즈는 (   ) 넘치는 추격 신으로 손에 땀을 쥐게 만든다.

⑤ 회의에서 자기 주장을 (   )시키기 위해서는 근거가 분명해야 한다.

FINAL TEST ②

📝 아래 단어의 의미를 이해하고 짧은 글짓기를 해 보시오.

1	각광	
2	깜냥	
3	부득이	
4	요행	
5	탐닉	
6	경과	
7	낙후	
8	부연	
9	정황	
10	난무	
11	경시	
12	모색	
13	어쭙잖다	
14	통념	
15	역부족	
16	방책	
17	무산	
18	위화감	

19	편협	
20	고지식하다	
21	와전	
22	유사시	
23	섭렵	
24	해박	
25	물의	
26	연유	
27	융통성	
28	부합	
29	관철	
30	미진	
31	징후	
32	사활	
33	자조	
34	바야흐로	
35	쇄신	
36	인습	
37	쟁점	
38	규명	
39	박진감	
40	작위적	

INTERVIEW ❺

한자 뜻을
유추하면서 파악했어요.

우종건 서울대 공과대학, 14학번

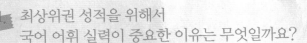

1. 최상위권 성적을 위해서
국어 어휘 실력이 중요한 이유는 무엇일까요?

국어 수능 문제 중 가장 많은 부분을 차지하는 것이 독해죠. 독해는 글을
읽고 해석하는 것이 가장 중요한데, 독해 실력은 단기간에 향상되지 않아요.
꾸준한 독서를 통해 성적을 올릴 수 있어요. 그런데 수험생인 고등학생이
독서를 위해서 따로 시간을 할애하기란 쉽지 않아요. 그래서 차선책으로
어휘력을 늘리는 것이 도움이 됩니다. 단어가 모여 문장이 되고, 문장이 모여
문단이 됩니다. 어휘 공부는 독해력을 향상시키는 데 도움을 됩니다.

2. 국어 어휘 공부를 어떻게 했나요?

저는 초등학교 시절부터 꾸준히 한자 공부를 해 왔습니다. 한자가 많은 부분을
차지하는 우리말의 특성상 한자어의 근간인 한자를 공부하는 것이 어휘 공부에 도
움이 되었어요. 한자를 통해 모르는 단어를 유추하듯, 단어를 통해 문장의 뜻을
유추하는 방법을 스스로 터득하게 되었어요.

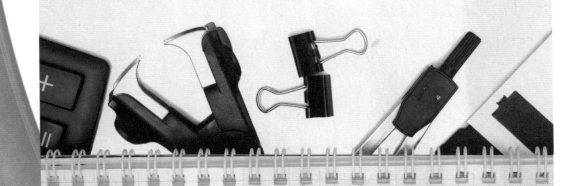

3. 자기주도학습을 위해서 어휘력이 중요한 이유는 무엇일까요?

자기주도학습을 하려면 참고서 등을 봐야 하죠. 이런 책들은 많은 양의 정보를 효과적이고 정확하게 전달하기 위해서, 의미를 짧게 함축하고 있는 전문적인 어휘를 많이 사용해요. 그래서 자기주도학습을 해 나가려면 이런 어휘를 비롯하여 폭넓은 어휘를 알고 있어야 해요.

4. 국어 어휘 실력과 성적의 상관관계는 어떠한가요?

어휘는 수학의 계산처럼 학습에서 아주 기초적이고 근간이 되는 요소죠. 계산만 잘한다고 수학 성적이 좋은 것은 아니듯이 어휘력만 좋다고 국어 성적이 잘 나오는 것은 아닙니다. 어휘를 공부하면 독해력이 같이 상승하지만, 지문 종류별로 그 특성을 파악해 가며 공부해야만 좋은 성적을 기대할 수 있어요. 어휘 공부가 중요하다는 것은 그것이 모든 공부의 기초이기 때문이에요. 절대 어휘 공부가 성적을 곧바로 올려 주기 때문은 아니에요.

5. 국어 어휘 공부의 어려운 점은 무엇일까요?

요즘 학교에서도 점점 더 한자 교육을 소홀히 하고 있어요. 그래서 많은 학생들이 단어를 볼 때도 한자의 뜻을 음미해 보지 않고 단순히 단정 짓고 말죠. 이는 우리말이 비록 표음 문자이지만, 한자를 거쳐 충분히 표의 문자처럼 활용될 수 있는 점을 포기하는 것과 같습니다. 이러한 요즘 학교 교육이 어휘 공부를 더 힘들게 하는 것도 같아요.

LEVEL
6

STEP 1
STEP 2
STEP 3
STEP 4
STEP 5

1 상자 안 단어의 의미에 대하여 생각해 보고, 이해하고 있는 수준에 따라 아래 표에 단어를 분류해 보세요.

☐ 경외 ☐ 경각 ☐ 괴발개발 ☐ 답습 ☐ 모멸

☐ 빙장 ☐ 암암리 ☐ 전철 ☐ 재고 ☐ 졸작

☐ 치부 ☐ 여한 ☐ 내구성 ☐ 경종 ☐ 국한

☐ 돈독 ☐ 무색 ☐ 상설 ☐ 애수 ☐ 요절

정확하게 의미를 알고 있는 단어	들어 본 적은 있으나 의미는 정확하지 않은 단어	전혀 의미를 모르는 처음 들어 보는 단어

2 각 단어를 구성하는 한자의 뜻, 단어의 사전적 정의를 이해하고, 대화를 통해 단어의 의미를 익혀 보세요.

---

1 **경외** : 敬畏　공경 경, 두려워할 외

– 공경하면서 두려워함.

 그 아이는 천재일 거야. 그렇지 않고서야 어떻게 전교 꼴등에서 일등을 할 수 있니?

 걔가 노력한 뒷얘기를 들으면, 그 아이를 **경외**의 눈으로 바라볼 수밖에 없을걸?

유의어 **외경**

---

2 **경각** : 頃刻　이랑 경, 새길 각

– 눈 깜빡할 사이. 아주 짧은 시간.

 점심시간 시작 종이 울리자마자 매점으로 뛰는 거다?

 두말하면 잔소리지. 점심시간에는 **경각**도 지체할 수 없다고.

유의어 **삽시간, 순식간**

---

3 **괴발개발**

– 고양이의 발과 개의 발이라는 뜻으로, 글씨를 되는 대로 아무렇게나 써 놓은 모양을 이르는 말.

 논술 시험에서 이렇게 글씨를 **괴발개발** 쓰면 내용이 좋아도 점수가 깎일 수 있어.

 정말이야? 원래 필체가 이런데 나보고 어쩌라고.

---

4 **답습** : 踏襲　밟을 답, 엄습할 습

– 예로부터 해 오던 방식이나 수법을 좇아 그대로 행함.

 영어 공부는 문법을 달달 외우는 것이 중요하다고 우리 큰아버지가 얘기하셨어.

 그런 예전 방법을 **답습**해서는 유창한 영어 실력을 키울 수 없어.

유의어 **흉내, 모방, 모의**

---

5 **모멸** : 侮蔑　업신여길 모, 업신여길 멸

– 업신여기고 얕잡아 봄.

 선생님도 너무하셨다. 출석부로 머리를 때리시다니.

 경험하지 않으면 몰라. 순간 너무 창피해서 **모멸**감까지 느꼈어.

유의어 **모욕, 굴욕, 멸시**

221

6 빙장 : 聘丈 부를 빙, 어른 장

– 남의 장인(丈人)의 존칭.

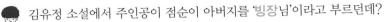 김유정 소설에서 주인공이 점순이 아버지를 '빙장님'이라고 부르던데?

요 점순이랑 아직 결혼은 못 했지만, 점순이네 집에서 사위처럼 일하고 있어서 그런 거야.

7 암암리 : 暗暗裏 어두울 암, 어두울 암, 속 리

– 남이 모르는 사이.

도대체 '허니버터칩'은 어디에서 맛볼 수 있는 거야?

요즘 친구들 사이에서 암암리에 한 조각에 100원씩에 팔리고 있어.

유의어 **암중**

8 전철 : 前轍 앞 전, 바퀴자국 철

– 앞에 지나간 수레바퀴의 자국이라는 뜻으로, 이전 사람의 그릇된 일이나 행동의 자취, 또는 이전에 이미 실패한 바 있는 일을 비유적으로 이르는 말.

작년 합격한 선배들 중 상당수가 전공이 적성에 안 맞아 대학을 그만두었대.

선배들의 전철을 밟지 않으려면 전공을 신중하게 선택해야겠구나.

9 재고 : 再考 거듭 재, 생각할 고

– 어떤 대상이나 사실에 대하여 다시 생각하여 헤아림.

반에서 친구들끼리 욕하며 싸운 문제로 종례 시간에 단체로 기합받았어.

요즘 우리 반 언어 수준은 재고의 여지가 있어. 너무 심해.

유의어 **반성**

10 졸작 : 拙作 옹졸할 졸, 지을 작

– 솜씨가 서투르고 보잘것없는 작품.

너 이번 '빼빼로 데이'에 직접 만든 빼빼로를 돌린다더니, 만들었어?

만들긴 만들었는데 친구들한테 주기에는 부끄러워. 완전 졸작이야.

유의어 **졸저**

11 **치부** : 恥部 부끄러울 **치**, 나눌 **부**

– 남에게 드러내고 싶지 아니한 부끄러운 부분.

점수 1점에 연연하는 내 모습을 보이다니, 너에게 **치부**를 들킨 것 같아 부끄러울 뿐이다.

부끄럽긴. 점수 1점에 내신 등급이 달라지는데. 당연한 거야!

12 **여한** : 餘恨 남을 **여**, 한 **한**

– 풀지 못하고 남은 원한.

영화 시사회에 당첨됐어. 같이 갈래? 주연 배우들이 무대에 나와 인사도 한대.

응! 우빈 오빠를 가까이에서 볼 수 있다면 난 죽어도 **여한**이 없어.

13 **내구성** : 耐久性 견딜 **내**, 오랠 **구**, 성품 **성**

– 오래 견디는 성질.

이번에 새로 나온 '아이폰6'는 **내구성**이 크게 강화되었어.

나도 몇 번 떨어뜨렸는데 액정이 멀쩡했어.

14 **경종** : 警鐘 깨우칠 **경**, 쇠북 **종**

– 잘못된 일이나 위험한 일에 대하여 경계하여 주는 주의나 충고를 비유적으로 이르는 말.

요즘 인터넷 방송에서 막말한 연예인이 모든 방송에서 하차하게 되었다더라.

이번 사건이 온라인 상에서 언어 폭력을 일삼는 사람들에게 **경종**을 울렸으면 좋겠어.

유의어 **경적**

15 **국한** : 局限 판 **국**, 한할 **한**

– 범위를 일정한 부분에 한정함.

시험 범위를 1단원에 **국한**해서 내겠다. 대신 문제는 어렵게 낼 예정이다.

선생님, 범위는 좁게, 문제는 쉽게! 안 될까요?

16 돈독 : 敦篤 도타울 돈, 도타울 독

– 인정이나 마음이 매우 도탑고 신실함.

🧑 우리 사촌들은 유난히 우애가 돈독해.

🧑 우리는 사촌끼리 나이 차가 많이 나서 서로 안 친해. 제일 큰 형은 아빠랑 동갑이
거든.

17 무색 : 無色 없을 무, 빛깔 색

– 겸연쩍고 부끄러워함.

👧 드디어 희영이에게 먼저 사과했다며? 어떻게 되었어?

👧 악수하자고 손 내밀었는데 쌩하고 가 버렸어. 무색해서 죽을 뻔했어.

유의어 **무안**

18 상설 : 常設 항상 상, 베풀 설

– 언제든지 이용할 수 있도록 설비나 시설을 갖춤.

👧 우리가 사려던 신발, 신촌에서 50퍼센트 세일한대. 다음 주에 무조건 가자!

👧 거기 상설 할인 매장이 아니야. 지난주에만 반짝 할인했던 거야.

19 애수 : 哀愁 슬플 애, 근심 수

– 마음을 서글프게 하는 슬픈 시름.

🧑 너는 요즘 슬픈 옛날 노래만 듣더라? 댄스곡은 이제 버렸어?

🧑 이런 노래를 듣다 보면, 애수에 젖게 돼. 나 사춘기가 다시 오려나 봐.

유의어 **근심, 슬픔**

20 요절 : 夭折 어릴 요, 꺾을 절

– 젊은 나이에 죽음.

🧑 한참 잘 나가던 걸그룹 가수가 교통사고로 사망했다며?

🧑 젊은 나이에 요절한 연예인들 기사를 보면 삶이 좀 허망해.

유의어 **단명**

3 아래 설명된 의미의 단어를 써 보세요.

의 미	단 어
1 고양이의 발과 개의 발이라는 뜻으로, 글씨를 되는 대로 아무렇게나 써 놓은 모양을 이르는 말.	
2 남의 장인(丈人)의 존칭.	
3 예로부터 해 오던 방식이나 수법을 좇아 그대로 행함.	
4 눈 깜빡할 사이. 아주 짧은 시간.	
5 솜씨가 서투르고 보잘것없는 작품.	
6 업신여기고 얕잡아 봄.	
7 공경하면서 두려워함.	
8 풀지 못하고 남은 원한.	
9 남이 모르는 사이.	
10 잘못된 일이나 위험한 일에 대하여 경계하여 주는 주의나 충고를 비유적으로 이르는 말.	
11 어떤 대상이나 사실에 대하여 다시 생각하여 헤아림.	
12 젊은 나이에 죽음.	
13 남에게 드러내고 싶지 아니한 부끄러운 부분.	
14 범위를 일정한 부분에 한정함.	
15 앞에 지나간 수레바퀴의 자국이라는 뜻으로, 이전 사람의 그릇된 일이나 행동의 자취, 또는 이전에 이미 실패한 바 있는 일을 비유적으로 이르는 말.	
16 오래 견디는 성질.	
17 겸연쩍고 부끄러워함.	
18 인정이나 마음이 매우 도탑고 신실함.	
19 마음을 서글프게 하는 슬픈 시름.	
20 언제든지 이용할 수 있도록 설비나 시설을 갖춤.	

정답 15개 이상 – 다음 단계 도전!

1 상자 안 단어의 의미에 대하여 생각해 보고, 이해하고 있는 수준에 따라
아래 표에 단어를 분류해 보세요.

☐ 재량	☐ 지레	☐ 타계	☐ 완급	☐ 경합
☐ 귀감	☐ 만끽	☐ 미봉책	☐ 상쇄	☐ 애증
☐ 우매	☐ 전모	☐ 지엽	☐ 편승	☐ 간주
☐ 고루	☐ 근황	☐ 만반	☐ 미주알고주알	☐ 상투

정확하게 의미를 알고 있는 단어	들어 본 적은 있으나 의미는 정확하지 않은 단어	전혀 의미를 모르는 처음 들어 보는 단어

2 각 단어를 구성하는 한자의 뜻, 단어의 사전적 정의를 이해하고,
대화를 통해 단어의 의미를 익혀 보세요.

1 재량 : 裁量 마를 재, 헤아릴 량

‒ 자기의 생각과 판단에 따라 일을 처리함.

결국 내 운명은 신의 **재량**에 달린 것 아닐까? 열심히 공부한다고 뭐 달라지겠어?

너는 꼭 공부하기 싫으면 그런 운명론을 입에 담더라. 놀 때는 네 의지대로 놀아 놓고.

유의어 **자유재량**

2 지레

‒ 어떤 일이 일어나기 전 또는 어떤 기회나 때가 무르익기 전에 미리.

어제 선생님께서 면담해야 한다며 너를 많이 찾으셨는데 어디 갔었어?

그래? 나는 야자 붙잡힐까 봐 **지레** 겁먹고 미리 도망갔는데.

3 타계 : 他界 다를 타, 지경 계

‒ 인간계를 떠나서 다른 세계로 간다는 뜻으로, 사람의 죽음 특히 귀인의 죽음을 이르는 말.

김수환 추기경께서는 2009년 2월 16일에 **타계**하셨어.

생각 나. 우리 엄마도 그때 성당에 가서 많이 우셨어.

유의어 **별세, 서거, 영면**

4 완급 : 緩急 느릴 완, 급할 급

‒ 일의 급함과 급하지 않음.

나 어제 시험공부 하느라 밤새웠어. 쓰러질 것 같아.

시험까지 한 달이나 남았는데, 웬 오버야? **완급** 조절도 실력이야.

5 경합 : 競合 다툴 경, 합할 합

‒ 서로 맞서 겨룸.

〈요리왕〉이라는 영화의 줄거리가 뭐야? 재미있어?

응, 고교생 요리사가 요리 **경합**에서 세계적인 요리사들과 대결한다는 이야기야.

유의어 **경쟁**

6 귀감 : 龜鑑 거북 귀, 거울 감

– 거울로 삼아 본받을 만한 모범.

너는 동생이 셋이나 되면 피곤하지 않니?

동생들의 귀감이 되어야 한다는 부모님의 말이 가장 스트레스야. 나도 아직 어린데.

유의어 **본보기, 모범**

7 만끽 : 滿喫 찰 만, 마실 끽

– 충분히 만족할 만큼 느끼고 즐김.

밖으로 나가 봄바람을 만끽하고 싶어! 독서실의 이 텁텁한 공기는 이제 그만!

그럴까? 밖에 벚꽃, 개나리도 많이 피었던데.

8 미봉책 : 彌縫策 두루 미, 꿰맬 봉, 꾀 책

– 눈가림만 하는 일시적인 계책.

앞으로 자리 정할 때는 친한 친구끼리는 떨어져 앉으라셔. 너무 시끄럽다고.

옆에 앉은 아이와도 곧 친해질걸? 미봉책일 뿐이지.

유의어 **임시방편**

9 상쇄 : 相殺 서로 상, 감할 쇄

– 상반되는 것이 서로 영향을 미쳐서 효과가 없어지는 것.

노래를 그렇게 못했는데, 5반이 1등을 하다니 말도 안 돼.

탁월한 댄스 실력이 부족한 가창력으로 점수 깎인 것을 모두 상쇄해 버린 거지.

10 애증 : 愛憎 사랑 애, 미울 증

– 사랑과 미움을 아울러 이르는 말.

'동방신기'가 '사생팬'으로 인해 여러 가지 구설수가 많았어.

아이돌과 팬은 애증의 관계일 수밖에 없어.

11 우매 : 愚昧 어리석을 우, 어두울 매

– 어리석고 사리에 어두움.

어제 드라마에서 재벌들이 서민을 무시하는 것을 보고 완전 화났어.

나도 봤어. 돈 없는 사람은 다 우매하다고 소리 지르는데 괜히 울컥하더라.

유의어 **우둔**

12 전모 : 全貌 온전할 전, 모양 모

– 전체의 모습. 또는 전체의 내용.

너는 왜 맨날 추리소설만 읽어? 완전 오타쿠야.

결말에서 모든 사건의 전모가 밝혀지면, 온몸에 소름이 돋으며 희열이 느껴져.

13 지엽 : 枝葉 가지 지, 잎 엽

– 식물의 가지와 잎. 사물이나 사건 따위에서 본질적인 것이 아닌 부차적인 부분을 비유적으로 이르는 말.

토론 수업에서 점수가 많이 깎였어. 내 말하는 방식에 문제가 있나?

너는 핵심을 못 보고, 지엽적인 문제에만 집착해. 그래서 늘 결론이 엉뚱해.

유의어 **말초, 곁가지**

14 편승 : 便乘 편할 편, 탈 승

– 세태나 남의 세력을 이용하여 자신의 이익을 거둠을 비유적으로 이르는 말.

시험 망친 것 부모님한테 안 혼나고 잘 넘어갔어?

동생이 전교 1등을 하는 바람에, 축제 분위기에 편승해서 내 문제도 슬쩍 넘겼어.

15 간주 : 看做 볼 간, 지을 주

– 상태, 모양, 성질 따위가 그와 같다고 봄. 또는 그렇다고 여김.

학급 회의 시간에 태준이의 말하는 방식이 마음에 안 들어.

태준이는 자기 혼자만의 생각을 반 전체의 생각으로 간주하고 마구 주장해.

16 **고루** : 固陋 굳을 고, 더러울 루

– 낡은 관념이나 습관에 젖어 고집이 세고 새로운 것을 잘 받아들이지 않음.

🧑 우리 아빠는 너무 **고루**해. 방학인데도 학생은 파마를 하면 안 된다고 하시잖아.

👧 그 정도 갖고 뭘 그래. 우리 아빠는 맨날 귀밑 5센티미터로 자르라고 하셔.

유의어 **완고**

17 **근황** : 近況 가까울 근, 상황 황

– 요즈음의 상황.

🧑 중학교 졸업 이후 헤어진 친구들 **근황**은 좀 알고 있어?

👦 요즘은 SNS를 보면 어떻게 살고 있는지 다 알 수 있어. 영미는 '쌍수' 했더라.

18 **만반** : 萬般 일만 만, 돌릴 반

– 갖출 수 있는 모든 사항.

👧 다음 주에 스키 캠프 가는데, **만반**의 준비를 해야겠다.

🧑 장갑부터 살까? 고글은 있어? 온라인에도 많이 팔던데.

유의어 **만전, 전부**

19 **미주알고주알**

– 아주 사소한 일까지 속속들이.

👦 여동생이 내가 학교에서 벌 받은 일을 엄마한테 **미주알고주알** 고해 바쳤어.

👦 원래 여동생과는 동지가 될 수 없지. 너도 동생의 약점을 찾아 봐.

유의어 **세세히**

20 **상투** : 常套 항상 상, 씌울 투

– 늘 써서 버릇이 되다시피 한 것.

👦 내 동생은 잘못한 일 있으면 갑자기 아픈 척하면서 엄마 잔소리를 피해 간다니까.

👦 우리 아빠도 여동생의 **상투**적 애교에 매번 용돈을 뿌리셔. 여동생들은 모두 여우 같아.

유의어 **습관**

3 아래 설명된 의미의 단어를 써 보세요.

의 미	단 어
1 일의 급함과 급하지 않음.	
2 어떤 일이 일어나기 전 또는 어떤 기회나 때가 무르익기 전에 미리.	
3 눈가림만 하는 일시적인 계책.	
4 인간계를 떠나서 다른 세계로 간다는 뜻으로, 사람의 죽음 특히 귀인의 죽음을 이르는 말.	
5 거울로 삼아 본받을 만한 모범.	
6 사랑과 미움을 아울러 이르는 말.	
7 충분히 만족할 만큼 느끼고 즐김.	
8 자기의 생각과 판단에 따라 일을 처리함.	
9 전체의 모습. 또는 전체의 내용.	
10 상반되는 것이 서로 영향을 미쳐서 효과가 없어지는 것.	
11 서로 맞서 겨룸.	
12 세태나 남의 세력을 이용하여 자신의 이익을 거둠을 비유적으로 이르는 말.	
13 어리석고 사리에 어두움.	
14 요즈음의 상황.	
15 상태, 모양, 성질 따위가 그와 같다고 봄. 또는 그렇다고 여김.	
16 식물의 가지와 잎. 사물이나 사건 따위에서 본질적인 것이 아닌 부차적인 부분을 비유적으로 이르는 말.	
17 아주 사소한 일까지 속속들이.	
18 낡은 관념이나 습관에 젖어 고집이 세고 새로운 것을 잘 받아들이지 않음.	
19 늘 써서 버릇이 되다시피 한 것.	
20 갖출 수 있는 모든 사항.	

정답 15개 이상 – 다음 단계 도전!

1 상자 안 단어의 의미에 대하여 생각해 보고, 이해하고 있는 수준에 따라
아래 표에 단어를 분류해 보세요.

☐ 여명 ☐ 유구 ☐ 전천후 ☐ 징조 ☐ 폐단

☐ 개탄 ☐ 고즈넉하다 ☐ 기득권 ☐ 만연 ☐ 반석

☐ 석연 ☐ 여의다 ☐ 유예 ☐ 절필 ☐ 찬탄

☐ 풍광 ☐ 견인 ☐ 고착 ☐ 내성 ☐ 망연

정확하게 의미를 알고 있는 단어	들어 본 적은 있으나 의미는 정확하지 않은 단어	전혀 의미를 모르는 처음 들어 보는 단어

2 각 단어를 구성하는 한자의 뜻, 단어의 사전적 정의를 이해하고,
대화를 통해 단어의 의미를 익혀 보세요.

1   **여명** : 黎明 검을 여, 밝을 명

– 희미하게 날이 밝아 오는 빛. 그런 무렵.

처음으로 시험공부를 하면서 밝아 오는 **여명**을 봤어.

그러다 정작 시험 시간에 자는 것은 아니겠지?

유의어 **새벽, 어스름**

2   **유구** : 悠久 멀 유, 오랠 구

– 아득하게 오래됨.

학교에서 자신의 가문에 대하여 조사해 오라고 했는데 우리 집안은 어떤 집안이에요?

우리는 **유구**한 역사를 지닌 학자 집안이었다. 그런데 너는 왜 이러는지 원.

3   **전천후** : 全天候 온전할 전, 하늘 천, 기후 후

– 어떠한 기상 조건에도 제 기능을 다할 수 있음.

요즘 연예인들을 보면 가수인지, 배우인지, 진짜 본업을 모르겠어.

맞아. 연기, 노래, 춤, 유머, 예능까지 **전천후**야.

4   **징조** : 徵兆 부를 징, 조짐 조

– 어떤 일이 생길 기미.

우리 할머니가 무릎이 쑤신다고 하시면 그건 틀림없이 비가 올 **징조**야.

진짜 신기한 것 같아. 일기예보보다 더 정확하다니까.

유의어 **전조, 조짐, 징후.**

5   **폐단** : 弊端 폐단 폐, 끝 단

– 어떤 일이나 행동에서 나타나는 옳지 못한 경향이나 해로운 현상.

조선시대 농민을 괴롭힌 것 중에 환곡의 **폐단**이 매우 컸다던데 왜 그런 거야?

가난한 농민들한테 곡식을 빌려주고는 아주 비싼 이자를 받으니 그렇지.

유의어 **해악**

6 개탄 : 慨歎 슬퍼할 개, 탄식할 탄

– 분하거나 못마땅하게 여겨 한탄함.

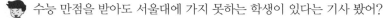 수능 만점을 받아도 서울대에 가지 못하는 학생이 있다는 기사 봤어?

말도 안돼. 정말 그렇다면, 이것은 진짜 **개탄**할 일이다.

유의어 **분개**

7 고즈넉하다

– 고요하고 아늑하다. 말없이 다소곳하거나 잠잠하다.

수학여행의 마지막 밤도 이렇게 저물어 가는구나.

떠들던 아이들이 다 잠드니까, 세상이 온통 **고즈넉하다.**

8 기득권 : 旣得權 이미 기, 얻을 득, 권세 권

– 특정한 자연인, 법인, 국가가 정당한 절차를 밟아 이미 차지한 권리.

제도가 쉽게 바뀌기 어려운 이유 중 하나는 **기득권** 세력이 변화를 거부하기 때문이야.

인간은 누구나 이미 가진 것을 포기하고 싶어 하지 않으니까.

9 만연 : 蔓延 덩굴 만, 늘일 연

– 식물의 줄기가 널리 뻗는다는 뜻으로, 전염병이나 나쁜 현상이 널리 퍼짐을 비유적으로 이르는 말.

불우이웃 돕기 모금에 학생들이 전혀 호응이 없다고 선생님이 탄식하시던걸.

친구들 사이에서도 개인주의가 **만연**해서, 요즘에는 준비물 하나 빌리기가 어렵더라고.

유의어 **확산, 유행**

10 반석 : 盤石 소반 반, 돌 석

– 사물, 사상, 기틀 따위가 아주 견고함을 비유적으로 이르는 말.

중학교 때 놀았더니 수학은 따라잡기가 어렵네.

주요 과목은 기초가 중요하지. **반석** 위에 기본기를 다져야, 실력이 탄탄하게 쌓인다고.

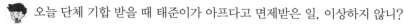

11 **석연** : 釋然 풀 석, 그러할 연

– 의혹이나 꺼림칙한 마음이 없이 환함.

> 오늘 단체 기합 받을 때 태준이가 아프다고 면제받은 일, 이상하지 않니?

> 지난주에 대청소할 때도 배탈 났다고 먼저 집에 갔잖아. 뭔가 **석연**치 않아.

유의어 **명확**

12 **여의다**

– 부모나 사랑하는 사람이 죽어서 이별하다. 딸을 시집 보내다.

> 정훈이가 아버지를 일찍 **여의고** 엄마랑 단둘이 살고 있대. 전혀 몰랐어.

> 그런데도 저렇게 공부도 잘하고 성격도 활발하다니, 친구지만 정말 존경스럽다!

유의어 **사별하다**

13 **유예** : 猶豫 오히려 유, 미리 예

– 일을 결행하는 데 날짜나 시간을 미룸.

> 너희 오빠 봄에 군대 간다더니 왜 아직 집에 있어?

> 입대 날짜가 **유예**되어서 시간이 애매해졌어. 복학할 시기랑 맞춰 놓았다던데…….

유의어 **연기**

14 **절필** : 絕筆 끊을 절, 붓 필

– 붓을 놓고 다시는 글을 쓰지 않음.

> 그 여자 연예인이 SNS에 **절필**을 선언했대.

> 생각 없이 속마음을 대중에게 노출했다가 그 고초를 겪었으니 그럴 만도 하지.

15 **찬탄** : 讚歎 기릴 찬, 탄식할 탄

– 칭찬하며 감탄함.

> 지난주에 '수퍼스타K' 우승자가 나왔다며?

> 정말 대단한 무대였어. 깐깐한 심사위원들 모두가 **찬탄**을 거듭했다니까.

유의어 **찬미**

16 풍광 : 風光 바람 풍, 빛 광

– 자연이나 세상의 모습.

제주도는 우리나라 같지 않아. **풍광**이 너무 이국적이야.

맞아. 공항에서 야자수를 보면 동남아에 온 줄 착각하게 된다니까.

유의어 **풍경, 경치, 산수**

17 견인 : 牽引 이끌 견, 끌 인

– 원하는 방향으로 끌어당김.

최상위권에게는 자기만의 공부 비결이 있다던데, 너도 하나만 털어놔 봐, 친구야.

개념 노트가 내 수학 등급을 한 단계나 높이 **견인**한 일등공신이야.

18 고착 : 固着 굳을 고, 붙을 착

– 옮기거나 변화하지 않고 같은 곳이나 일정한 상태에 머물러 있음.

살 빼야지. 지방덩어리가 내 몸에 **고착**되어 떨어지지 않을 것 같은 불길한 느낌이 들어.

일단 손에 들고 있는 그 빵이나 내려놓고 말해.

유의어 **고정**

19 내성 : 耐性 견딜 내, 성품 성

– 세균 따위의 생물체가 어떤 약에 견디어 내는 성질.

엄마, 머리가 너무 아파요. 진통제 하나만 주세요.

약을 자주 복용하면 **내성**이 생기니까 차라리 잠깐 잠을 자 보는 것이 어때?

20 망연 : 茫然 아득할 망, 그럴 연

– 매우 넓고 멀어서 아득함. 아무 생각 없이 멍함.

중간고사 수학 시험 범위가 총 네 단원이래. 난 그냥 깨끗이 포기할래.

한 단원도 힘든데, 네 단원을 어떻게 공부해야 할지 그냥 **망연**할 따름이야.

3 아래 설명된 의미의 단어를 써 보세요.

의 미	단 어
1 식물의 줄기가 널리 뻗는다는 뜻으로, 전염병이나 나쁜 현상이 널리 퍼짐을 비유적으로 이르는 말.	
2 어떤 일이 생길 기미.	
3 희미하게 날이 밝아 오는 빛. 그런 무렵.	
4 분하거나 못마땅하게 여겨 한탄함.	
5 의혹이나 꺼림칙한 마음이 없이 환함.	
6 아득하게 오래됨.	
7 특정한 자연인, 법인, 국가가 정당한 절차를 밟아 이미 차지한 권리.	
8 어떠한 기상 조건에도 제 기능을 다할 수 있음.	
9 일을 결행하는 데 날짜나 시간을 미룸.	
10 고요하고 아늑하다. 말없이 다소곳하거나 잠잠하다.	
11 부모나 사랑하는 사람이 죽어서 이별하다. 딸을 시집 보내다.	
12 어떤 일이나 행동에서 나타나는 옳지 못한 경향이나 해로운 현상.	
13 원하는 방향으로 끌어당김.	
14 사물, 사상, 기틀 따위가 아주 견고함을 비유적으로 이르는 말.	
15 세균 따위의 생물체가 어떤 약에 견디어 내는 성질.	
16 붓을 놓고 다시는 글을 쓰지 않음.	
17 자연이나 세상의 모습.	
18 매우 넓고 멀어서 아득함. 아무 생각 없이 멍함.	
19 칭찬하며 감탄함.	
20 옮기거나 변화하지 않고 같은 곳이나 일정한 상태에 머물러 있음.	

정답 15개 이상 – 다음 단계 도전!

1 상자 안 단어의 의미에 대하여 생각해 보고, 이해하고 있는 수준에 따라
아래 표에 단어를 분류해 보세요.

☐ 발군 ☐ 성토 ☐ 여파 ☐ 의거 ☐ 정처

☐ 참작 ☐ 필경 ☐ 견제 ☐ 관건 ☐ 노독

☐ 매복 ☐ 부지중 ☐ 시사 ☐ 염세적 ☐ 일절

☐ 일체 ☐ 창출 ☐ 해이 ☐ 결속 ☐ 관망

정확하게 의미를 알고 있는 단어	들어 본 적은 있으나 의미는 정확하지 않은 단어	전혀 의미를 모르는 처음 들어 보는 단어

2 각 단어를 구성하는 한자의 뜻, 단어의 사전적 정의를 이해하고,
대화를 통해 단어의 의미를 익혀 보세요.

---

1   발군 : 拔群 뽑을 **발**, 무리 **군**

– 여럿 가운데에서 특별히 뛰어남.

🧑 새벽에 레버쿠젠 경기 봤어?

🧑 인터넷으로 하이라이트만 봤어. 손흥민 정말 최고였어. 역시 **발군**의 실력이야.

유의어   **출중**

---

2   성토 : 聲討 소리 **성**, 칠 **토**

– 여러 사람이 모여 국가나 사회에 끼친 잘못을 소리 높여 규탄함.

👧 오늘 H.R. 시간에 뭐 했어?

👧 학교 급식이 비위생적이라고 난리도 아니었어. 엄청난 **성토**의 현장을 목격했지.

---

3   여파 : 餘波 남을 **여**, 물결 **파**

– 어떤 일이 끝난 뒤에 남아 미치는 영향.

👧 체육대회의 **여파**로 오늘 너무 피곤해. 이 피곤이 며칠이나 갈까?

👧 너 같은 약골은 일주일은 고생하겠지.

유의어   **여운**

---

4   의거 : 依據 의지할 **의**, 근거 **거**

– 어떤 사실이나 원리 따위에 근거함.

🧑 청소년 범죄는 어른들과는 다르게 취급되는 것 같던데?

🧑 청소년들의 범죄는 소년법에 **의거**하여 성인과는 다른 기준으로 처벌되지.

유의어   **빙자**

---

5   정처 : 定處 정할 **정**, 곳 **처**

– 정한 곳. 일정한 장소.

🧑 어제 학원에 왜 안 왔어? 너희 집에 전화했더니, 학원 간다고 나갔다던데?

🧑 성적표 받고 기분이 우울해서 **정처** 없이 거리를 걸었어.

6 참작 : 參酌 헤아릴 **참**, 가려서 쓸 **작**

– 이리저리 비추어 보아서 알맞게 고려함.

🧑‍🦱 촉망받던 장학생이 좀도둑으로 전락한 기사를 봤어. 너무 안타깝더라.

🧑‍🦱 찢어지게 가난했던 가정 환경을 **참작**해서 결국 사회봉사로 마무리됐다나 봐.

유의어 **참고**

7 필경 : 畢竟 마칠 **필**, 마침내 **경**

– 마침내, 결국.

👧 다이어트의 가장 큰 적은 '하루쯤이야' 이런 안일한 생각이야. 며칠 사이에 다 망했어.

👧 내일부터 굶을 것이라며 그렇게 먹어 대더니 **필경** 살이 찌고야 말았구나.

유의어 **끝내, 반드시**

8 견제 : 牽制 이끌 **견**, 절제할 **제**

– 일정한 작용을 가함으로써 상대편이 지나치게 세력을 펴거나 자유롭게 행동하지 못하게 억누름.

👧 이것 좀 봐. 이번에 새로 나온 '아이폰' 진짜 멋있지 않니?

👧 진짜 예쁘다. 곧 삼성에서도 '아이폰'을 **견제**하기 위해 새로운 모델이 나올걸?

유의어 **방해**

9 관건 : 關鍵 관계할 **관**, 열쇠 **건**

– 어떤 사물이나 문제 해결의 가장 중요한 부분.

🧑‍🦱 네 생각에 성적을 올려 주는 최고의 공부 비결이 뭐야?

🧑‍🦱 지식을 스스로 습득할 능력이 있는지 아닌지가 **관건**이지.

10 노독 : 路毒 길 **노(로)**, 독 **독**

– 먼 길에 지치고 시달려서 생긴 피로나 병.

🧑‍🦱 가족 여행을 다녀왔다더니 왜 이렇게 힘이 없어? 즐겁지 않았어?

🧑‍🦱 여행은 즐거웠는데, **노독**이 안 풀려. 중학생이 되니 체력이 초딩 때만 못해.

유의어 **여독**

11 **매복** : 埋伏 묻을 **매**, 엎드릴 **복**

– 상대편의 동태를 살피거나 불시에 공격하려고 일정한 곳에 몰래 숨어 있음.

> 부엌 냉장고에 넣어 둔 내 음료수를 누군가 자꾸 꺼내 가. 아무래도 오빠 같아.

> 밤에 **매복**해서 범인이 누군지 꼭 밝혀 봐.

유의어 **잠복**

12 **부지중** : 不知中 아니 **부**, 알 **지**, 가운데 **중**

– 알지 못하는 동안.

> 너 태준이한테 왜 자꾸 톡톡 쏘는 듯이 말해? 태준이랑 무슨 일 있었어?

> 일부러 그런 것은 아니었는데 태준이를 싫어하는 마음이 **부지중**에 드러났나 봐.

13 **시사** : 示唆 보일 **시**, 부추길 **사**

– 어떤 것을 미리 간접적으로 표현해 줌.

> 유아를 학대한 어린이집 교사에게 이례적으로 중형이 내려졌어.

> 이번 판결은 아동 학대에 대해서 앞으로 법을 엄중히 적용하겠다는 것을 **시사**해.

유의어 **암시**

14 **염세적** : 厭世的 싫어할 **염**, 인간 **세**, 과녁 **적**

– 세상을 싫어하고 모든 일을 어둡고 부정적인 것으로 보는 것.

> 성준이가 반 대항 농구대회에서 덩크슛 넣는 것 봤어?

> 친구도 없고, 허구한날 **염세적**인 소설책만 끼고 살던 애였는데 완전 의외의 모습이었어.

유의어 **비관적**

15 **일절** : 一切 한 **일**, 끊을 **절**

– 아주, 전혀, 절대로의 뜻으로, 흔히 행위를 그치게 하거나 어떤 일을 하지 않음을 말함.

> 요즘 내 동생이 다이어트한다고 탄수화물을 **일절** 입에 대지 않는다.

> 대단하다. 탄수화물의 유혹을 떨치기가 쉽지 않은데.

유의어 **도무지**

16 일체 : 一切 한 일, 모두 체

– 모든 것. 전부. 완전히.

> 우리 엄마가 골프를 시작한다며 골프 용품 **일체**를 새로 사셨어.

> 지난번에는 등산 동호회에 가입하시고, 아웃도어 의류를 몽땅 사셨다더니?

17 창출 : 創出 비롯할 창, 날 출

– 전에 없던 것을 처음으로 생각하여 지어내거나 만들어 냄.

> 4년제 대학을 나와도 취업할 곳이 없다던데 공부는 해서 뭐하냐?

> 우리가 대학 졸업할 즈음에는 새로운 일자리가 많이 **창출**되지 않을까?

유의어 **창조, 창안**

18 해이 : 解弛 풀 해, 늦출 이

– 마음의 긴장, 규율 등이 풀리어 느슨해짐.

> 고등학생이 되면 공부가 자동으로 될 줄 알았는데, 봄이 되니 마음이 **해이**해져.

> 이번 주는 더 심해. 길거리에 벚꽃이 만발하니 마음이 싱숭생숭해.

유의어 **이완, 완화**

19 결속 : 結束 맺을 결, 묶을 속

– 한 덩어리가 되게 묶음.

> 한국 시리즈 1차전에서 심판 오심으로 '두산'이 아쉽게 패배했어.

> 그 일이 오히려 선수들의 **결속**을 다지는 계기가 된 것 같아. 이후에 연승을 했잖아.

유의어 **결합, 결집, 단결**

20 관망 : 觀望 볼 관, 바랄 망

– 한발 물러나서 어떤 일이 되어 가는 형편을 바라봄.

> 너희 반은 반장파와 부반장파가 갈려서 사이가 안 좋다며? 너는 어느 편이야?

> 난 그냥 사태를 **관망**하고 있지. 박쥐파라고나 할까?

유의어 **주시, 관조, 전망**

3 아래 설명된 의미의 단어를 써 보세요.

의 미	단 어
1　이리저리 비추어 보아서 알맞게 고려함.	
2　어떤 일이 끝난 뒤에 남아 미치는 영향.	
3　일정한 작용을 가함으로써 상대편이 지나치게 세력을 펴거나 자유롭게 행동하지 못하게 억누름.	
4　여럿 가운데에서 특별히 뛰어남.	
5　정한 곳. 일정한 장소.	
6　어떤 사실이나 원리 따위에 근거함.	
7　마침내. 결국.	
8　상대편의 동태를 살피거나 불시에 공격하려고 일정한 곳에 몰래 숨어 있음.	
9　여러 사람이 모여 국가나 사회에 끼친 잘못을 소리 높여 규탄함.	
10　한 덩어리가 되게 묶음.	
11　먼 길에 지치고 시달려서 생긴 피로나 병.	
12　어떤 사물이나 문제 해결의 가장 중요한 부분.	
13　알지 못하는 동안.	
14　아주, 전혀, 절대로의 뜻으로, 흔히 행위를 그치게 하거나 어떤 일을 하지 않음을 말함.	
15　세상을 싫어하고 모든 일을 어둡고 부정적인 것으로 보는 것.	
16　한발 물러나서 어떤 일이 되어 가는 형편을 바라봄.	
17　모든 것. 전부. 완전히.	
18　어떤 것을 미리 간접적으로 표현해 줌.	
19　마음의 긴장, 규율 등이 풀리어 느슨해짐.	
20　전에 없던 것을 처음으로 생각하여 지어내거나 만들어 냄.	

🖸 정답 15개 이상 – 다음 단계 도전!

1 상자 안 단어의 의미에 대하여 생각해 보고, 이해하고 있는 수준에 따라
아래 표에 단어를 분류해 보세요.

☐ 담보   ☐ 양산   ☐ 불경   ☐ 신빙성   ☐ 영세

☐ 조예   ☐ 조촐하다   ☐ 천신만고   ☐ 현저   ☐ 결연

☐ 괄목   ☐ 답보   ☐ 명철   ☐ 불상사   ☐ 아성

☐ 옹졸   ☐ 잠정   ☐ 족적   ☐ 첨예   ☐ 괴리

정확하게 의미를 알고 있는 단어	들어 본 적은 있으나 의미는 정확하지 않은 단어	전혀 의미를 모르는 처음 들어 보는 단어

2 각 단어를 구성하는 한자의 뜻, 단어의 사전적 정의를 이해하고,
대화를 통해 단어의 의미를 익혀 보세요.

1   **담보** : 擔保   멜 담, 지킬 보

– 맡아서 보증함.

학교 끝나고 게임 한판 어때? 이번에야말로 지난번 패배를 갚아 줄 테다!

무슨 근거로 그렇게 승리를 **담보**하냐? 믿는 구석이라도 있어?

유의어 **보장**

2   **양산** : 量産   헤아릴 양(량), 낳을 산

– 많이 만들어 냄.

요즘은 엄마한테 의존하는 다 큰 꼭두각시들이 너무 많이 **양산**되었어.

남의 이야기라고 말 못하겠다. 나도 뭐든지 엄마한테 일일이 물어보게 돼.

유의어 **생산**

3   **불경** : 不敬   아니 불, 공경 경

– 경의를 표해야 할 자리에서 무례함.

태준이는 왜 저렇게 입이 험해? 어른들 앞에서 **불경**하게 계속 욕을 하고 그러냐.

욕하면서 센 척하는 애들이 제일 싫어.

유의어 **불손**

4   **신빙성** : 信憑性   믿을 신, 기댈 빙, 성품 성

– 믿어서 근거나 증거로 삼을 수 있는 정도나 성질.

넌 A형이라 소심하고, 오빠는 B형이라 성질이 더러워. 역시 O형인 내가 최고지.

그런 **신빙성** 없는 기준으로 사람을 평가하지 마!

유의어 **신뢰성**

5   **영세** : 零細   떨어질 영(령), 가늘 세

– 살림이 보잘것없고 몹시 가난함.

오늘 엄마랑 대형 마트에 갔다가 헛걸음했어. 문을 닫았더라고.

영세한 시장 소상인들을 위해 매월 2,4주 차에 대형 마트는 문을 닫게 되어 있어.

6 조예 : 造詣 지을 조, 이를 예

– 학문이나 예술, 기술 따위의 분야에 대한 지식이나 경험이 깊은 경지에 이른 정도.

> 🧑 성준이는 흑인 음악에 **조예**가 깊던데? 맨날 이어폰을 끼고 산다고 오타쿠라 놀리는 아이들도 있긴 하지만 말이야.

> 🧑 전문가와 오타쿠는 종이 한 장 차이인 것 같아.

7 조촐하다

– 아담하고 깨끗하다. 요란하지 않고 단출하다. 깔끔하고 얌전하다.

> 👧 주말에 할머니 환갑 잔치였다면서? 어디 근사한 데라도 간 거야?

> 🧑 가족끼리 **조촐하게** 식사했어. 할머니가 부산 떨지 말라고 하셔서.

유의어 **단정하다, 청초하다**

8 천신만고 : 千辛萬苦 일천 천, 매울 신, 일만 만, 쓸 고

– 천 가지 매운 것과 만 가지 쓴 것이라는 뜻으로, 온갖 어려운 고비를 다 겪으며 심하게 고생함을 이르는 말.

> 🧑 **천신만고** 끝에 우리나라 축구가 드디어 우승을 했어!

> 🧑 온갖 편파 판정을 이겨 내고, 부상자가 속출하는 상황 속에서도 진짜 대업을 이룬 거야.

유의어 **고생**

9 현저 : 顯著 나타날 현, 나타날 저

– 뚜렷이 드러날 정도.

> 👧 너는 좋아하는 과목과 싫어하는 과목의 성적이 너무 극단적인 거 아니니?

> 👧 선생님의 외모에 따라 점수에 **현저**한 차이를 보이는 것은 당연한 거야.

10 결연 : 決然 결단할 결, 그럴 연

– 마음가짐이나 행동에 있어 태도가 움직일 수 없을 만큼 확고함.

> 🧑 이번 김연아 선수 경기는 정말 최고였어.

> 🧑 무엇보다도 마지막 점프까지 결코 실패하지 않겠다는 **결연**한 표정이 압권이었어.

11 괄목 : 刮目 긁을 괄, 눈 목

– 눈을 비비고 다시 볼 정도로 매우 성장함.

한 학기 만에 전교 석차가 200등이 오르다니 이런 괄목할 만한 성장은 처음인걸?

방학 동안 하루에 14시간씩 혼자 공부했어. 결국 공부는 나와의 싸움이더라고.

12 답보 : 踏步 밟을 답, 걸을 보

– 일 따위가 진행되지 못하고 한자리에 머물러 있음.

축제 반별 대항 장기자랑에서 너희 반은 어떤 것을 준비하고 있어?

아이들이 제각기 다른 의견을 내서 아직도 그 문제는 답보 상태에 있어.

유의어 **정체**

13 명철 : 明哲 밝을 명, 밝을 철

– 총명하고 사리에 밝음.

정훈이에게 고민을 털어놓으면 뭔가 문제가 해결되는 느낌이 들어.

정훈이는 초등학교 때부터 항상 어른스럽고 명철했어.

14 불상사 : 不祥事 아니 불, 상서 상, 일 사

– 상서롭지 못한 일.

너 방금 걸어오다가 똥 밟았나 봐. 신발 좀 봐!

아니 이런 불상사가 있나! 오늘 새로 산 '스베누' 신발인데.

유의어 **사고, 변고**

15 아성 : 牙城 어금니 아, 성 성

– 아주 중요한 근거지를 비유적으로 이르는 말.

새 전학생과 동철이가 한판 붙었다며?

전학생이 이겼대. 중학교 때부터 유지되던 동철이의 아성이 무너졌어.

16 옹졸 : 壅拙 막을 옹, 옹졸할 졸

– 성품이 너그럽지 못하고 생각이 좁음.

너 정훈이한테 빌린 돈 다 갚았어?

2퍼센트 이자까지 내놓으라고 해서 10원 단위까지 세어서 갚았어. 옹졸한 녀석.

유의어 **졸렬**

17 잠정 : 暫定 잠깐 **잠**, 정할 **정**

– 임시로 정함.

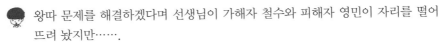

왕따 문제를 해결하겠다며 선생님이 가해자 철수와 피해자 영민이 자리를 떨어뜨려 놨지만…….

잠정적인 조치에 불과하지, 근본적인 해결책은 아닐 것 같아.

18 족적 : 足跡 발 **족**, 발자취 **적**

– 발로 밟고 지나갈 때 남는 흔적.

내 동생이 서태지가 누구냐고 묻더라. 정말 중딩하고는 세대차이 나서 못 놀겠어.

정말? 우리 가요사에 큰 족적을 남긴 서태지를 모르다니, 어떻게 그럴 수가 있지?

유의어 **역사**

19 첨예 : 尖銳 뾰족할 **첨**, 날카로울 **예**

– 상황이나 사태 따위가 날카롭고 격함.

희영이와 현정이의 대립이 점점 첨예해지고 있어.

좋아하는 사람을 가운데 두고 벌어지는 신경전이라 여간해서는 화해하기 어려울 것 같아.

유의어 **과격, 뾰족, 예리**

20 괴리 : 乖離 어그러질 **괴**, 떠날 **리**

– 서로 어그러져 동떨어짐.

공부법에 관한 책을 아무리 많이 읽어도 정작 공부를 잘하기 어려운 이유가 뭘까?

그 시간에 공부나 더 해. 원래 이론과 실제는 괴리가 있는 법이야.

유의어 **차이**

3 아래 설명된 의미의 단어를 써 보세요.

의 미	단 어
1 믿어서 근거나 증거로 삼을 수 있는 정도나 성질.	
2 많이 만들어 냄.	
3 맡아서 보증함.	
4 학문이나 예술, 기술 따위의 분야에 대한 지식이나 경험이 깊은 경지에 이른 정도.	
5 경의를 표해야 할 자리에서 무례함.	
6 일 따위가 진행되지 못하고 한자리에 머물러 있음.	
7 마음가짐이나 행동에 있어 태도가 움직일 수 없을 만큼 확고함.	
8 살림이 보잘것없고 몹시 가난함.	
9 아담하고 깨끗하다. 요란하지 않고 단출하다. 깔끔하고 얌전하다.	
10 임시로 정함.	
11 천 가지 매운 것과 만 가지 쓴 것이라는 뜻으로, 온갖 어려운 고비를 다 겪으며 심하게 고생함을 이르는 말.	
12 눈을 비비고 다시 볼 정도로 매우 성장함.	
13 서로 어그러져 동떨어짐.	
14 뚜렷이 드러날 정도.	
15 아주 중요한 근거지를 비유적으로 이르는 말.	
16 총명하고 사리에 밝음.	
17 상황이나 사태 따위가 날카롭고 격함.	
18 발로 밟고 지나갈 때 남는 흔적.	
19 성품이 너그럽지 못하고 생각이 좁음.	
20 상서롭지 못한 일.	

📖 정답 15개 이상 – 다음 단계 도전!

FINAL TEST ❶

1 다음 뜻에 알맞은 단어를 서로 연결하시오.

① 개탄   알지 못하는 동안.

② 부지중   인정이나 마음이 매우 도탑고 신실함.

③ 유예   일 따위가 진행되지 못하고 한자리에 머물러 있음.

④ 답보   일을 결행하는 데 날짜나 시간을 미룸.

⑤ 돈독   분하거나 못마땅하게 여겨 한탄함.

2 제시된 초성을 참고하여 단어의 뜻풀이를 완성하시오.

① 경외 – (ㄱㄱ)하면서 (ㄷㄹㅇ)함.

② 불경 – (ㄱㅇ)를 표해야 할 자리에서 (ㅁㄹ)함.

③ 미봉책 – (ㄴㄱㄹ)만 하는 (ㅇㅅㅈ)인 계책.

3 단어의 정의를 생각하며 다음 한자의 의미를 쓰시오.

① 답습 : 踏( ) 襲( ) – 예로부터 해 오던 방식이나 수법을 좇아 그대로 행함.

② 간주 : 看( ) 做( ) – 상태, 모양, 성질 따위가 그와 같다고 봄. 또는 그렇다고 여김.

③ 내성 : 耐( ) 性( ) – 세균 따위의 생물체가 어떤 약에 견디어 내는 성질.

④ 괄목 : 刮( ) 目( ) – 눈을 비비고 다시 볼 정도로 매우 성장함.

⑤ 첨예 : 尖( ) 銳( ) – 상황이나 사태 따위가 날카롭고 격함.

4 다음의 글자들을 조합하여 뜻풀이에 알맞은 어휘를 쓰시오.

격	상	만	자	민	과	세	고	경	종	미	난
소	쇄	시	사	찬	영	질	착	추	파	편	승

① (   ) – 세태나 남의 세력을 이용하여 자신의 이익을 거둠을 비유적으로 이르는 말.

② (   ) – 옮기거나 변화하지 않고 같은 곳이나 일정한 상태에 머물러 있음.

③ (   ) – 어떤 것을 미리 간접적으로 표현해 줌.

④ (   ) – 잘못된 일이나 위험한 일에 대하여 경계하여 주는 주의나 충고를 비유적으로 이르는 말.

⑤ (   ) – 상반되는 것이 서로 영향을 미쳐서 효과가 없어지는 것.

5 예시문의 ( )에 들어갈 알맞은 말을 〈보기〉에서 찾아 쓰시오.

관건	신빙성	괴리	내구성	발군

① 새로 나온 이 운동화는 구모델에 비하여 (   )이 강화되었다.

② 동기들에 비하여 (   )의 실력을 뽐내던 그는 결국 최연소 박사가 되었다.

③ 평소 듬직한 그의 입에서 나온 말이기에 그 말은 (   )이 높았다.

④ 그 후보자의 공약은 인기를 위한 과장된 것으로 현실과 크게 (   )되어 있었다.

⑤ 부상당한 수비수가 얼마나 기량을 발휘할지가 승리의 (   )이다.

📝 아래 단어의 의미를 이해하고 짧은 글짓기를 해 보시오.

1	경외	
2	답습	
3	암암리	
4	재고	
5	경종	
6	국한	
7	돈독	
8	무색	
9	완급	
10	만끽	
11	미봉책	
12	애증	
13	전모	
14	편승	
15	간주	
16	상투	
17	고즈넉하다	
18	만연	

19	유예	
20	내성	
21	발군	
22	여파	
23	참작	
24	필경	
25	관건	
26	매복	
27	부지중	
28	일절	
29	해이	
30	담보	
31	신빙성	
32	조예	
33	현저	
34	결연	
35	괄목	
36	답보	
37	잠정	
38	첨예	
39	불상사	
40	괴리	

자기주도학습의 핵심, 어휘력이죠!

이수민 서울대 공과대학, 14학번

1. 최상위권 성적을 위해서 국어 어휘 실력이 중요한 이유는 무엇일까요?

어휘는 일단 지문을 해석할 때 가장 기본이 되는 요소예요. 문학뿐만 아니라 비문학에서도 지문을 제대로 이해하려면 어휘 실력이 받쳐 줘야 합니다. 어휘 실력에 성적이 좌우된다고 할 수 있죠. 국어 이외의 과목에서도 마찬가지입니다. 수학에서 '확률과 통계' 파트는 단어 하나의 차이로도 완전히 다른 문제가 될 수 있어요. 실제로 문제 해석을 제대로 못 해서 출제자가 낸 의도와는 전혀 다르게 문제의 뜻을 오해하는 경우도 많이 봤거든요.

2. 국어 어휘 공부를 어떻게 했나요?

어휘를 공부할 때 한자가 필요한 경우가 매우 많아요. 하지만 저는 원래 한자를 잘하는 편이 아니었고, 게다가 고등학교 때 한자 공부를 하기엔 늦은 감이 있었어요. 그래서 저는 모의고사나 문제에 나오는 어휘 중 모르는 한자는 찾아본 뒤, 그 한자를 보고 읽을 수 있을 정도로 늘 공부했어요. 또 국어 문제는 한글 단어 옆에 괄호로 한자를 써 주는 경우가 많아요. 그때마다 한자를 주의 깊게 살펴본 것이 나중에 음과 관련된 뜻을 유추해서 어휘를 파악하는 데 큰 도움이 되었어요.

3. 자기주도학습을 위해서 어휘력이 중요한 이유는 무엇일까요?

자기주도학습을 할 때는 옆에서 선생님이 내용을 풀어서 설명해 주지 않으므로 혼자서 책을 읽고 공부해야 되죠. 그런데 어휘력이 부족하면 개념을 제대로 이해하지 못해 공부 효율이 매우 떨어져요. 특히 국어 지문을 읽을 때, 어휘력이 부족하면 전체 내용을 잘못 파악할 수도 있어 결국 시간이 많이 걸려요. 자기주도학습을 하려면 꾸준히 어휘력을 강화하는 연습을 하는 것이 필요합니다.

어휘력이 뒷받침되어야 문제를 읽는 시간이 줄어들고 더욱 정확히 이해할 수 있어요. 또한 다양한 과목의 개념서를 볼 때도 어휘력을 바탕으로 더욱 심도 깊게 이해할 수 있고요. 다른 친구와 비교해 같은 시간을 공부하고도 더 높은 성취를 얻을 수 있는 거죠.

4. 국어 어휘 실력과 성적의 상관관계는 어떠한가요?

5. 국어 어휘 공부의 어려운 점은 무엇일까요?

공부하는 데 가장 중요한 것은 '본인의 의지'예요. 본인이 의지를 가지려면 그에 대한 필요성을 느끼는 게 가장 중요하죠. 그런데 흔히들 어휘 공부는 성적과 별로 상관이 없다고 생각해요. 어휘 공부에 대한 동기 부여가 안 되는 거죠. 어휘 공부를 소홀히 하게 되는 것 자체가 가장 조심해야 할 부분이에요.

LEVEL

7

STEP 1
STEP 2
STEP 3
STEP 4
STEP 5

1 상자 안 단어의 의미에 대하여 생각해 보고, 이해하고 있는 수준에 따라
아래 표에 단어를 분류해 보세요.

☐ 미온적   ☐ 게재   ☐ 남사스럽다   ☐ 벽두   ☐ 선회

☐ 역력   ☐ 우발   ☐ 일언반구   ☐ 조응   ☐ 창궐

☐ 탐탁하다   ☐ 효시   ☐ 수반   ☐ 고견   ☐ 내막

☐ 보결   ☐ 소양   ☐ 염두   ☐ 운집   ☐ 자명

정확하게 의미를 알고 있는 단어	들어 본 적은 있으나 의미는 정확하지 않은 단어	전혀 의미를 모르는 처음 들어 보는 단어

LEVEL 7

STEP 1
STEP 2
STEP 3
STEP 4
STEP 5

2 각 단어를 구성하는 한자의 뜻, 단어의 사전적 정의를 이해하고,
대화를 통해 단어의 의미를 익혀 보세요.

1   미온적 : 微溫的 작은 미, 따뜻할 온, 과녁 적

– 태도가 미적지근함.

> 여름 방학 때 리프팅 캠프 가자고 아이들 모으고 있는데 반응이 다들 **미온적**이야.

> 방학 때 다들 공부하려고 하지, 누가 너처럼 놀 계획부터 세우겠냐.

유의어 **소극적**

2   게재 : 揭載 높이 들 게, 실을 재

– 글이나 그림 따위를 신문이나 잡지 따위에 실음.

> 과학쌤이 수행평가로 신문에 **게재**된 환경 관련 기사를 찾아 잘라 오라고 하셨어.

> 그냥 인터넷에서 프린트하면 되지. 왜 꼭 종이 신문에 실린 걸 찾아오라고 하시냐.

유의어 **등재**

3   남사스럽다

– 남에게 놀림과 비웃음을 받을 듯하다.

> 우리 반 여자 애들 교복 치마가 점점 짧아지고 있어. 나도 더 줄여야겠어.

> 하지 마. 이제는 거의 속옷이 보일 지경이라 내가 보기에도 **남사스러워**.

4   벽두 : 劈頭 쪼갤 벽, 머리 두

– 글의 첫머리. 맨 처음 또는 일이 시작된 머리.

> 너네 동아리 이번에 축제 참여 안 한다며?

> 응. 축제 준비 **벽두**부터 삐걱거리더니 결국 와해됐어.

유의어 **시초**

5   선회 : 旋回 돌 선, 돌아올 회

– 둘레를 빙글빙글 돎.

> '과학의 날'을 맞이하여 출품한 글라이더가 금상을 받았어.

> 나도 봤어. 하늘을 멋지게 **선회**하다가 부드럽게 착지하는 모습이 정말 멋지더라.

유의어 **회전**

6 역력 : 歷歷 지날 역(력), 책력 력

– 자취나 기미, 기억 따위가 환히 알 수 있게 또렷함.

🧒 콘서트 R석에서 공연을 본 기분이 어때?

🧒 그렇게 가까이서 오빠들을 보다니, 그날의 황홀했던 기억이 지금도 역력해.

유의어 **확실, 분명**

7 우발 : 偶發 짝 우, 쏠 발

– 우연히 일어남. 또는 그런 일.

🧒 화려한 컴백을 앞두고 있었는데, 그 가수는 왜 마약에 손을 댄 걸까?

🧒 그냥 우발적으로 행동한 것일 텐데, 지금은 후회하고 있을 거야.

유의어 **돌발**

8 일언반구 : 一言半句 한 일, 말씀 언, 반 반, 글귀 구

– 한 마디의 말과 한 구의 반이란 뜻으로, 극히 짧은 말이나 글.

🧒 내가 희영이를 싫어하는 이유는 그 애가 너무 염치가 없어서야.

🧒 지난번에도 빌려간 내 체육복을 흙투성이로 돌려주면서 고맙다는 일언반구 말도 없더라고.

유의어 **일언반사**

9 조응 : 照應 비칠 조, 응할 응

– 둘 이상의 사물이나 현상 또는 말과 글의 앞뒤 따위가 서로 일치하게 대응함.

🧒 오늘은 진짜 공부하기 싫다. 야자 빠지고 집으로 도망갈래.

🧒 이번에는 꼭 전교 50등 안에 들겠다더니, 말이랑 행동이 조응이 안 되네.

유의어 **상응**

10 창궐 : 猖獗 미쳐 날뛸 창, 날뛸 궐

– 못된 세력이나 전염병 따위가 세차게 일어나 걷잡을 수 없이 퍼짐.

🧒 어제 우리 반에서만 세 명이 신종 플루로 결석했어.

🧒 요즘 전 세계적으로 신종 플루가 창궐해서 비상이잖아.

LEVEL 7

STEP 1
STEP 2
STEP 3
STEP 4
STEP 5

11 탐탁하다

– 모양이나 태도, 또는 어떤 일 따위가 마음에 들어 만족하다.

어제 엄마한테 엄청나게 혼났다며?

내 친구들은 모두 다 **탐탁하게** 여기지 않으시니, 너무 화가 나서 대들었지.

유의어 **어울리다, 만족하다**

12 효시 : 嚆矢 울릴 효, 화살 시

– 어떤 사물이나 현상이 시작되어 나온 맨 처음을 비유적으로 이르는 말.

『금오신화』를 한문소설의 **효시**로 볼 수 있대.

와, 소설은 정말 오래된 국어 갈래구나.

유의어 **근원, 최초, 원천, 시초**

13 수반 : 隨伴 따를 수, 짝 반

– 붙좇아서 따름. 어떤 일과 더불어 생김.

다이어트 일주일째야. 아, 치킨이랑 피자 먹고 싶다.

참아. 예뻐지려면 언제나 인내와 고통이 **수반**되는 법이야.

유의어 **동반**

14 고견 : 高見 높을 고, 볼 견

– 뛰어난 의견이나 생각.

저로서는 최선을 다해 써 본 '자소서'입니다. 선생님의 **고견**을 듣고 싶습니다.

'자기주도학습 경험'에 대한 내용이 좀 더 보강되어야 할 것 같구나.

15 내막 : 內幕 안 내, 장막 막

– 겉으로 드러나지 아니한 일의 실상. 일의 속내.

광수랑 승범이가 싸우게 된 **내막**이 뭐야?

겉으로는 아닌 척하고 있었는데, 둘 다 동아리 회장 자리를 노리고 있었대.

유의어 **실정, 실상, 곡절**

16 보결 : 補缺 도울 보, 이지러질 결

– 결원이 생겼을 때 그 빈자리를 채움.

전교 회장 선거를 다시 한다면서? 이게 무슨 일이야?

회장이 급작스레 미국으로 유학을 간다나 봐. **보결**로 다시 회장을 뽑아야지.

17 소양 : 素養 본디 소, 기를 양

– 평소 닦아 놓은 학문이나 지식.

합격하기 어려운 방송반에는 어떻게 들어갔어?

언론에 대한 내 해박한 **소양**이 먹힌 거지.

유의어 **교양**

18 염두 : 念頭 생각 염(념), 머리 두

– 마음의 속. 생각의 시초.

희영이가 아까 나한테 비꼬듯이 이야기해서 계속 기분이 안 좋아.

희영이는 원래 말투가 그래. **염두**에 두지 마.

유의어 **심중**

19 운집 : 雲集 구름 운, 모일 집

– 구름처럼 많이 모임.

2018년 러시아 월드컵 때는 대학생이 되어 있겠지? 시청 광장에 응원하러 꼭 가야지.

지난 월드컵 때 광장에 **운집**한 사람들의 함성이 아직도 생생해.

20 자명 : 自明 스스로 자, 밝을 명

– 설명하거나 증명하지 아니하여도 저절로 알 만큼 명백함.

정훈이네 형이 수시로 서울 법대에 붙었대.

3년 내내 그곳만 바라보며 그렇게 열심히 공부했는데 합격은 **자명**한 일이지.

유의어 **뻔하다**

LEVEL 7

STEP 1
STEP 2
STEP 3
STEP 4
STEP 5

3 아래 설명된 의미의 단어를 써 보세요.

의 미	단 어
1 우연히 일어남. 또는 그런 일.	
2 글이나 그림 따위를 신문이나 잡지 따위에 실음.	
3 둘레를 빙글빙글 돎.	
4 남에게 놀림과 비웃음을 받을 듯하다.	
5 태도가 미적지근함.	
6 못된 세력이나 전염병 따위가 세차게 일어나 걷잡을 수 없이 퍼짐.	
7 자취나 기미, 기억 따위가 환히 알 수 있게 또렷함.	
8 글의 첫머리, 맨 처음 또는 일이 시작된 머리.	
9 모양이나 태도, 또는 어떤 일 따위가 마음에 들어 만족하다.	
10 한 마디의 말과 한 구의 반이란 뜻으로, 극히 짧은 말이나 글.	
11 붙좇아서 따름. 어떤 일과 더불어 생김.	
12 어떤 사물이나 현상이 시작되어 나온 맨 처음을 비유적으로 이르는 말.	
13 구름처럼 많이 모임.	
14 둘 이상의 사물이나 현상 또는 말과 글의 앞뒤 따위가 서로 일치하게 대응함.	
15 설명하거나 증명하지 아니하여도 저절로 알 만큼 명백함.	
16 평소 닦아 놓은 학문이나 지식.	
17 겉으로 드러나지 아니한 일의 실상, 일의 속내	
18 마음의 속. 생각의 시초.	
19 뛰어난 의견이나 생각.	
20 결원이 생겼을 때 그 빈자리를 채움.	

🔲 정답 15개 이상 - 다음 단계 도전!

1 상자 안 단어의 의미에 대하여 생각해 보고, 이해하고 있는 수준에 따라
아래 표에 단어를 분류해 보세요.

☐ 졸렬　　☐ 창졸간　　☐ 투영　　☐ 종식　　☐ 고리타분하다

☐ 도외시　　☐ 봉착　　☐ 소치　　☐ 영락　　☐ 유리

☐ 재색　　☐ 주지　　☐ 책동　　☐ 판촉　　☐ 각축

☐ 곡필　　☐ 명멸　　☐ 부응　　☐ 속절없다　　☐ 옹색

정확하게 의미를 알고 있는 단어	들어 본 적은 있으나 의미는 정확하지 않은 단어	전혀 의미를 모르는 처음 들어 보는 단어

2 각 단어를 구성하는 한자의 뜻, 단어의 사전적 정의를 이해하고,
대화를 통해 단어의 의미를 익혀 보세요.

1 **졸렬** : 拙劣 옹졸할 졸, 못할 렬

– 옹졸하고 천하여 서투름.

　겨우 천 원인데 그걸 안 빌려주냐? 진짜 졸렬하다.

　너는 나에게 이미 신용불량자야. 백 원도 못 빌려줘.

유의어 **비굴, 비열, 치졸, 멸렬, 용렬**

2 **창졸간** : 倉卒間 곳집 창, 마칠 졸, 사이 간

– 미처 어찌할 수 없이 매우 급작스러운 사이.

　시험 5분 전인데, 갑자기 타원의 방정식 유도 방법이 생각이 안 나네. 좀 풀어 줘 봐.

　창졸간에 그렇게 질문하니, 나도 말이 안 나온다.

3 **투영** : 投影 던질 투, 그림자 영

– 물체의 그림자를 어떤 물체 위에 비추는 일.

　요즘 다중인격을 주제로 한 드라마가 많더라.

　어린 시절의 기억이 새로운 인격에 투영되어 영혼이 분리된다나 봐.

유의어 **투사**

4 **종식** : 終熄 마칠 종, 불 꺼질 식

– 한때 매우 성하던 현상이나 일이 끝나거나 없어짐.

　우리 이모가 그러는데 예전에는 'HOT' 팬과 '젝스키스' 팬들이 방송국에서 매일 싸웠대.

　그 시대에는 그들 사이에 하루도 전쟁이 종식된 날이 없었어.

5 **고리타분하다**

– 하는 짓이나 성미, 분위기 따위가 새롭지 못하고 답답하다.

　우리 선생님은 요즘 같은 인터넷 시대에 고리타분하게 맨날 독서만 강조하신다.

　글을 잘 읽을 수 있는 능력은 시대가 바뀌어도 여전히 중요한 역량이니까.

6　도외시 : 度外視　법도 도, 바깥 외, 볼 시

－ 상관하지 아니하거나 무시함.

 우리 아빠는 무조건 의대에 도전하라셔.

우리 엄마는 법대야. 내 적성은 **도외시**하고 인기 있는 학과만 강요하시니 정말 답답해.

7　봉착 : 逢着　만날 봉, 붙을 착

－ 어떤 처지나 상태에 부닥침.

짜장면과 짬뽕 중 무엇을 먹을까? 선택 장애 때문에 결정하기가 어려워.

이런 어려운 일에 **봉착**했을 때는 사다리 타기가 최고지!

유의어　**당면**

8　소치 : 所致　바 소, 이를 치/빽빽할 치

－ 어떤 까닭으로 빚어진 바.

'골든벨' 퀴즈 대회에 나갔다가 광속으로 탈락했다며?

1단계에서 나 혼자 떨어졌어. 내 무식의 **소치**지 뭐. 엄마한테 말하지 마.

유의어　**때문, 탓**

9　영락 : 零落　떨어질 영, 떨어질 락

－ 세력이나 살림이 줄어들어 보잘것없이 됨.

1년간 아이돌에게 영혼을 바쳤더니, 성적이 바닥을 쳤어.

이제 **영락**한 처지에서 벗어나 다시 예전의 모범생으로 돌아가야지?

유의어　**전락, 쇠퇴, 몰락**

10　유리 : 遊離　떠돌 유, 떠날 리

－ 따로 떨어짐.

이론적으로 인간은 물 위를 걸을 수 있어. 오른발 빠지기 전에 왼발을 올리고, 왼발 빠지기 전에 오른발을 올리면 되는 거야. 어때?

그런 것을 현실에서 **유리**된 이론이라고 하는 거야.

11 재색 : 才色 재주 재, 빛 색

– 여자의 재주와 아름다운 용모.

> 김태희처럼 **재색**을 겸비한 사람으로 태어나려면 전생에 무슨 일을 했어야 하는 걸까?

> 나라를 구해야지. 아니, 적어도 인류의 재앙 정도는 막았어야 했을걸?

12 주지 : 周知 두루 주, 알 지

– 여러 사람이 두루 앎.

> 반장은 졸업 여행에 주류를 절대 가져오지 않도록 모든 학생에게 잘 **주지**시키도록 해라.

> 졸업 여행인데 좀 봐주시면 안 돼요?

13 책동 : 策動 꾀 책, 움직일 동

– 좋지 않은 일을 몰래 꾸미어 시행함.

> 상대방 후보의 공약을 서로 비난하는 비겁한 **책동**이 일어나고 있어.

> 학생회장 선거가 이렇게 공정하지 못하다니 우리나라의 미래가 걱정된다.

유의어 **선동, 획책**

14 판촉 : 販促 팔 판, 재촉할 촉

– 여러 가지 방법을 써서 수요를 불러일으키고 자극하여 판매가 늘도록 유도하는 일.

> 요즘 홈쇼핑은 정말 나날이 상술이 발전하는 것 같아.

> 맞아! 상품의 질에 대한 고민보다 **판촉**에만 더 힘을 쓰고 있는 느낌이야.

15 각축 : 角逐 뿔 각, 쫓을 축

– 서로 이기려고 다투며 덤벼듦.

> 너희 반 남자 반장이랑 부반장이랑 어떤 여자애를 사이에 두고 **각축**을 벌이고 있다며?

> 사실 그 어떤 여자애가 바로 나야.

유의어 **경쟁, 다툼**

16 곡필 : 曲筆 굽을 곡, 붓 필

– 사실을 바른대로 쓰지 아니하고 거짓으로 왜곡하여 씀.

🧑 인터넷 글을 읽다 보면, 주목받고 싶어서 거짓으로 쓴 글들이 많은 것 같아.

🧑 그렇게 조회 수를 올리려고 곡필하는 사람들은 반성해야 해.

17 명멸 : 明滅 밝을 명, 꺼질 멸

– 불이 켜졌다 꺼졌다 함. 나타났다 사라졌다 함.

🧑 야자 끝나고 집에 가는데 신호등이 명멸해서 무작정 뛰었다가 차에 치일 뻔했어.

🧑 5분 먼저 가려다 50년 먼저 가는 수도 있어. 조심해.

18 부응 : 副應 버금 부, 응할 응

– 어떤 요구나 기대 따위에 좇아서 응함.

🧑 학생 식당 리모델링 하기로 결정했대.

🧑 학생들의 열망에 부응해서 드디어 쾌적한 식당을 허락하셨구나.

유의어 **호응**

19 속절없다

– 단념할 수밖에 달리 어찌할 도리가 없다.

🧑 이번 시험에서는 제일 어려운 3단원에서 문제가 많이 나왔어.

🧑 나는 3단원 아예 포기하고 공부 안 해서, 속절없이 3번으로 다 찍었어.

유의어 **덧없다**

20 옹색 : 壅塞 막을 옹, 막힐 색

– 형편이 넉넉하지 못하여 생활에 필요한 것이 없거나 부족함. 장소가 비좁음.

🧑 너희는 남매가 네 명이나 되니 항상 시끌벅적하겠다?

🧑 우리 집은 너무 옹색해. 집만 넓고 크면 정훈이처럼 공부 잘할 자신 있는데…….

유의어 **궁색, 군색, 가난, 갑갑, 답답**

268

3 아래 설명된 의미의 단어를 써 보세요.

의 미	단 어
1 하는 짓이나 성미, 분위기 따위가 새롭지 못하고 답답하다.	
2 어떤 까닭으로 빚어진 바.	
3 옹졸하고 천하여 서투름.	
4 어떤 처지나 상태에 부닥침.	
5 미처 어찌할 수 없이 매우 급작스러운 사이.	
6 세력이나 살림이 줄어들어 보잘것없이 됨.	
7 물체의 그림자를 어떤 물체 위에 비추는 일.	
8 상관하지 아니하거나 무시함.	
9 서로 이기려고 다투며 덤벼듦.	
10 한때 매우 성하던 현상이나 일이 끝나거나 없어짐.	
11 단념할 수밖에 달리 어찌할 도리가 없다.	
12 사실을 바른대로 쓰지 아니하고 거짓으로 왜곡하여 씀.	
13 여러 사람이 두루 앎.	
14 여자의 재주와 아름다운 용모.	
15 따로 떨어짐.	
16 형편이 넉넉하지 못하여 생활에 필요한 것이 없거나 부족함. 장소가 비좁음.	
17 좋지 않은 일을 몰래 꾸미어 시행함.	
18 어떤 요구나 기대 따위에 좇아서 응함.	
19 여러 가지 방법을 써서 수요를 불러일으키고 자극하여 판매가 늘도록 유도하는 일.	
20 불이 켜졌다 꺼졌다 함. 나타났다 사라졌다 함.	

📋 정답 15개 이상 – 다음 단계 도전!

STEP **3**

1 상자 안 단어의 의미에 대하여 생각해 보고, 이해하고 있는 수준에 따라
아래 표에 단어를 분류해 보세요.

☐ 유복자 ☐ 저촉 ☐ 지양 ☐ 체류 ☐ 포복절도

☐ 간과 ☐ 근린 ☐ 모종 ☐ 불초 ☐ 쇠잔

☐ 와병 ☐ 은닉 ☐ 전가 ☐ 지청구 ☐ 추대

☐ 피력 ☐ 간담 ☐ 기백 ☐ 목전 ☐ 비견

정확하게 의미를 알고 있는 단어	들어 본 적은 있으나 의미는 정확하지 않은 단어	전혀 의미를 모르는 처음 들어 보는 단어

2 각 단어를 구성하는 한자의 뜻, 단어의 사전적 정의를 이해하고,
대화를 통해 단어의 의미를 익혀 보세요.

1 유복자 : 遺腹子 남길 유, 배 복, 아들 자

– 태어나기 전에 아버지를 여읜 자식.

이번에 이민호 나오는 영화 봤어?

응. 가난한 집의 **유복자**로 나오는데 너무 잘생겨서 오히려 귀공자 느낌이었어.

2 저촉 : 抵觸 박을 저, 닿을 촉

– 법률이나 규칙 따위에 위반되거나 거슬림.

선생님이 학교 규칙에 **저촉**된다고 머리 다시 자르라셔.

그러니까 나처럼 시원하게 '반삭' 하라고 했잖아.

3 지양 : 止揚 그칠 지, 날릴 양

– 더 높은 단계로 오르기 위하여 어떠한 것을 하지 아니함.

우주에 대하여 더 많이 공부하고 싶지만, 시험 준비를 하려면 국영수에 집중할 수밖에 없어.

미래에는 입시 위주의 교육을 **지양**하고, 관심 분야에 몰입할 수 있게 되면 좋겠어.

4 체류 : 滯留 막힐 체, 머무를 류

– 객지에 가서 머물러 있음.

너희 아버지는 이번에 이집트에 왜 이렇게 오래 **체류**하셨어?

그 나라가 내전 중이어서 빠져나올 수가 없으셨대.

유의어 **주재**

5 포복절도 : 抱腹絕倒 안을 포, 배 복, 끊을 절, 넘어질 도

– 배를 안고 넘어진다는 뜻으로 몹시 우스워 배를 안고 몸을 가누지 못할 만큼 웃음.

저 개그맨이 입만 열면 너무 웃겨서 보는 사람마다 **포복절도**한다며?

작년 연말에도 연예 대상 탔다지.

271

6 간과 : 看過 볼 간, 지날 과

－ 큰 관심 없이 대강 보아 넘김.

🧑 이 문제들이 전에 풀었던 그 문제랑 완전 똑같아서 다 맞혔어.

🧑 나는 오히려 너무 쉬워서 간과했다가 실수했지 뭐야. 억울해.

7 근린 : 近鄰 가까울 근, 이웃 린

－ 가까운 이웃.

🧑 고등학생이 되니 살이 너무 찌고 피로가 안 풀려.

🧑 저녁마다 근린 공원에서 한 시간만 걸을까? 이럴 때일수록 몸을 움직이는 게 필요하다고.

유의어 **근처, 언저리**

8 모종 : 某種 아무 모, 씨 종

－ 어떠한 종류.

🧑 담임 선생님 면담 이후, 반장의 태도가 수상해. 친구들을 관찰하고 있어.

🧑 뭔가 선생님으로부터 모종의 미션을 받은 것이 분명해.

9 불초 : 不肖 아니 불, 닮을 초

－ 아버지를 닮지 않았다는 뜻으로, 못나고 어리석은 사람을 이르는 말.

👧 너는 누구 닮아서 이렇게 그림을 못 그리니? 아버지께서 화가 아니셔?

👧 내가 불초 자식이라 미술에는 영 재능이 없다.

유의어 **불초남, 불초자**

10 쇠잔 : 衰殘 쇠할 쇠, 남을 잔

－ 쇠하여 힘이나 세력이 점점 약해짐.

🧑 이 중요한 시험기간에 교통사고로 입원을 하다니, 어쩌니?

🧑 일주일 넘게 누워만 있었더니 기력이 쇠잔해져서 도저히 책상에 못 앉겠어.

유의어 **쇠약, 쇠퇴**

11 와병 : 臥病 누울 와, 병 병

– 병으로 자리에 누움. 질병에 걸림.

> 너 왜 이렇게 표정이 안 좋아? 무슨 일 있냐?

> 할머니가 고혈압으로 갑자기 쓰러지셨어. 한 달째 **와병** 중이신데 아직 차도가 없으셔.

12 은닉 : 隱匿 숨을 은, 숨길 닉

– 남의 물건이나 범죄인을 감춤.

> 어제 너희 반에서 발생한 도난 사건은 어떻게 해결됐어?

> 범인이 누군지는 알고 있었지만 모두가 **은닉**할 수밖에 없었어. 그 친구가 일진이었거든.

유의어 **은폐**

13 전가 : 轉嫁 구를 전, 떠넘길 가

– 잘못이나 책임을 다른 사람에게 넘겨씌움.

> 수행평가를 망친 것이 왜 내 탓이야? 희영이는 항상 책임을 남에게 **전가**하더라.

> 그래서 애들이 희영이랑은 같은 모둠을 하기 싫어해.

14 지청구

– 꾸지람. 까닭 없이 남을 탓하고 원망함.

> 공부 좀 하라는 엄마의 **지청구**에 갑자기 혼자 폭발해서 집을 뛰쳐나왔어.

> 고등학생 때 중2병이 재발하는 아이들도 있다더니, 그게 너냐?

유의어 **꾸중, 타박, 구박**

15 추대 : 推戴 밀 추, 일 대

– 윗사람으로 떠받듦.

> 너는 이번에 우리 반 회장으로 누구를 **추대**할거야?

> 나한테 먹을 것 제일 많이 사 주는 사람.

유의어 **옹립, 추앙**

16 피력 : 披瀝 헤칠 피, 스밀 력

– 평소에 숨겨 둔 생각을 모조리 털어 내어 말함.

졸업생 간담회 갔다 왔어?

서울대 합격한 선배가 합격 소감을 **피력**하는데 괜히 내가 울컥하더라고.

유의어 **토로**

17 간담 : 肝膽 간 간, 쓸개 담

– 간과 쓸개를 아울러 이르는 말. 속마음을 비유적으로 이름.

수련회 교관 선생님 얼굴 봤어? 완전 무섭게 생겼지?

밤에 애들이랑 몰래 맥주 마실 계획이었는데, 얼굴 보자마자 **간담**이 서늘해졌어.

18 기백 : 氣魄 기운 기, 넋 백

– 씩씩하고 굳센 기상과 진취적인 정신.

'기벡(기하, 벡터)' 공부가 너무 어려워. '수포(수학 포기)' 할 거야.

그러지 말고, **기백** 넘치게 다시 도전해 봐.

유의어 **기상, 용기**

19 목전 : 目前 눈 목, 앞 전

– 눈앞. 눈으로 볼 수 있는 아주 가까운 곳.

과학 수행평가 언제 다하지? 내일까지 못 내면 점수 깎일 텐데.

왜 너는 모든 일을 항상 **목전**에 당두해서야 하려고 하니?

유의어 **당면**

20 비견 : 比肩 견줄 비, 어깨 견

– 앞서거나 뒤서지 않고 어깨를 나란히 한다는 뜻으로, 낫고 못할 것이 없이 정도가 서로 비슷하게 함을 이르는 말.

아이유랑 수지 중에 누가 더 예쁜 것 같아?

내 눈에 아이유의 외모는 수지에 **비견**할 수 없지. 수지는 나에게 여신이야.

유의어 **동등, 비등**

3 아래 설명된 의미의 단어를 써 보세요.

의 미	단 어
1 아버지를 닮지 않았다는 뜻으로, 못나고 어리석은 사람을 이르는 말.	
2 어떠한 종류.	
3 법률이나 규칙 따위에 위반되거나 거슬림.	
4 객지에 가서 머물러 있음.	
5 태어나기 전에 아버지를 여읜 자식.	
6 쇠하여 힘이나 세력이 점점 약해짐.	
7 더 높은 단계로 오르기 위하여 어떠한 것을 하지 아니함.	
8 큰 관심 없이 대강 보아 넘김.	
9 가까운 이웃.	
10 병으로 자리에 누움. 질병에 걸림.	
11 배를 안고 넘어진다는 뜻으로 몹시 우스워 배를 안고 몸을 가누지 못할 만큼 웃음.	
12 눈앞. 눈으로 볼 수 있는 아주 가까운 곳.	
13 윗사람으로 떠받듦.	
14 잘못이나 책임을 다른 사람에게 넘겨씌움.	
15 씩씩하고 굳센 기상과 진취적인 정신.	
16 꾸지람. 까닭 없이 남을 탓하고 원망함.	
17 남의 물건이나 범죄인을 감춤.	
18 간과 쓸개를 아울러 이르는 말. 속마음을 비유적으로 이름.	
19 앞서거나 뒤서지 않고 어깨를 나란히 한다는 뜻으로, 낮고 못할 것이 없이 정도가 서로 비슷하게 함을 이르는 말.	
20 평소에 숨겨 둔 생각을 모조리 털어 내어 말함.	

정답 15개 이상 – 다음 단계 도전!

STEP 4

1 상자 안 단어의 의미에 대하여 생각해 보고, 이해하고 있는 수준에 따라
아래 표에 단어를 분류해 보세요.

☐ 시금석　　　☐ 완곡　　　☐ 을씨년스럽다　　　☐ 전횡　　　☐ 질시

☐ 추산　　　☐ 함묵　　　☐ 감읍　　　☐ 기저　　　☐ 묵과

☐ 비호　　　☐ 애호　　　☐ 외경　　　☐ 읍소　　　☐ 정좌

☐ 징벌　　　☐ 추호　　　☐ 혐의　　　☐ 개연성　　　☐ 긴요

정확하게 의미를 알고 있는 단어	들어 본 적은 있으나 의미는 정확하지 않은 단어	전혀 의미를 모르는 처음 들어 보는 단어

2 각 단어를 구성하는 한자의 뜻, 단어의 사전적 정의를 이해하고,
대화를 통해 단어의 의미를 익혀 보세요.

1 **시금석** : 試金石 시험 시, 쇠 금, 돌 석

– 가치, 능력, 역량 따위를 알아볼 수 있는 기준이 되는 기회나 사물을 비유적으로 이르는 말.

🧑 일류대 합격생 수가 그 학교의 수준을 가늠하는 **시금석**이 되는 현실이 씁쓸하다.

🧑 우리 엄마는 아직도 강남으로 이사 가지 못한 것을 한탄하셔.

2 **완곡** : 婉曲 순할 완, 굽을 곡

– 말과 행동을 노골적이지 않게 빙 둘러서 함.

🧑 정은이한테 준 선물이 되돌아왔어. 이거 **완곡**한 거절 맞지?

🧑 뭐가 **완곡**한 거절이야! 노골적으로 차였구먼.

3 **을씨년스럽다**

– 보기에 날씨나 분위기 따위가 몹시 스산하고 쓸쓸한 데가 있다.

🧑 11월에 비가 오니 날씨가 **을씨년스럽다**.

🧑 꼭 수능 당일에는 이렇게 갑자기 추워지더라.

유의어 **음산하다, 음침하다**

4 **전횡** : 專橫 오로지 전, 가로 횡

– 권세를 혼자 쥐고 제 마음대로 함.

👧 우리 오빠는 나를 상대로 **전횡**을 일삼아. 나를 노예처럼 부려 먹어.

👧 그래? 동생으로 태어난 죄지. 복수할 수 있는 방법이나 연구해 봐.

유의어 **독재**

5 **질시** : 嫉視 시기할 질, 보일 시

– 시기하여 밉게 봄.

🧑 나 이번 시험 완전 망쳤어. 98점이야. 죽어 버릴까?

🧑 난 68점인데도 잘만 산다. 그러니깐 네가 다른 아이들한테 **질시**의 눈초리를 받는
거라고.

유의어 **투기**

6 추산 : 推算 밀 추, 셈 산

– 짐작으로 미루어 셈함.

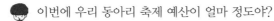 이번에 우리 동아리 축제 예산이 얼마 정도야?

한 20만 원 정도로 **추산**할 수 있어.

유의어 **어림셈**

7 함묵 : 緘默 봉할 함, 잠잠할 묵

– 입을 다물고 말을 하지 아니함.

그 일에 연루된 모든 사람들이 그 사건에 대해 **함묵**하고 있어!

무언가 배후에 보이지 않는 힘이 작용하고 있구나.

유의어 **침묵**

8 감읍 : 感泣 느낄 감, 울 읍

– 감격하여 목메어 욺.

어제 송별회는 잘했어?

전학 가는 친구를 위해 아이들이 모두 손편지를 써 줬어. 완전 **감읍**해서 펑펑 울더라.

9 기저 : 基底 터 기, 밑 저

– 어떤 것의 바닥이 되는 부분.

이번 시험에서도 좋은 성적을 내지 못할까 봐 걱정이 돼.

네 마음의 **기저**에는 지난 시험에 실패했던 기억이 있구나. 떨쳐 버리고 힘내!

유의어 **밑바탕**

10 묵과 : 默過 잠잠할 묵, 지날 과

– 잘못을 알고도 모르는 체하고 그대로 넘김.

태준이가 점심시간에 담 넘어가는 거 봤는데 어떻게 하지?

친구가 학교 규칙을 어겼는데 이대로 우리가 **묵과**해도 될까?

유의어 **묵인**

LEVEL 7

11 비호 : 庇護 덮을 비, 보호할 호

– 뒤덮어서 보호함.

😠 선생님이 휴대폰으로 수업 시간에 게임 한 것 보셨어. 네가 말 좀 해 줘.

😊 알았어. 게임 한 것이 아니라 영어 단어 찾은 것이라고 내가 **비호**해 줄게.

유의어 **두둔, 변호**

12 애호 : 愛好 사랑 애, 좋을 호

– 사랑하고 좋아함.

😊 요즘 패션 잡지를 보면 조사만 빼고 다 영어야. 진짜 이상한 문체야.

😊 맞아. 편집장에게 우리말을 **애호**하자고 문자라도 보내고 싶어.

13 외경 : 畏敬 두려워할 외, 공경할 경

– 공경하면서 두려워함.

🙂 정훈이가 이번 물리 올림피아드에서 금상 받은 소식 들었어?

😀 벌써 두 번째잖아. 나는 친구지만 가끔 정훈이에게 **외경**심조차 들어.

유의어 **경외**

14 읍소 : 泣訴 울 읍, 호소할 소

– 눈물을 흘리며 간절히 하소연함.

😀 이번에 벌점 먹으면 수시 원서 쓰는 데 지장 있다더니 어떻게 빠져나왔어?

🙂 그냥 선생님께 싹싹 빌면서 **읍소**했지. 대학은 가야 하잖아.

15 정좌 : 正坐 바를 정, 앉을 좌

– 몸을 바르게 하고 앉음.

😊 요즘 책상에 앉으면 허리가 아파서 요가를 배우기로 했어.

😊 TV에서 요가 하는 것 봤어. 처음에 **정좌** 자세도 힘들어 보이더라.

16 징벌 : 懲罰 징계할 징, 벌할 벌

– 옳지 아니한 일을 하거나 죄를 지은 데 대하여 벌을 줌.

😊 수업 시간에 잠깐 졸았다고 연습장 빽빽이 10장 써 오라셔.

😊 정말? 손목 부러지겠다. 죄에 비하여 너무 가혹한 **징벌** 아니니?

279

STEP 1 STEP 2 STEP 3 STEP 4 STEP 5

17 추호 : 秋毫 가을 추, 터럭 호

– 가을철에 털갈이하여 새로 돋아난 짐승의 가는 털. 매우 적거나 조금인 것을 비유적으로 이르는 말.

올해 중간고사는 보지 않겠다는 선생님 말을 추호의 의심도 없이 믿었다니까.

너 바보 아니냐? 만우절이었잖아.

유의어 **소량**

18 혐의 : 嫌疑 싫어할 혐, 의심할 의

– 꺼리고 미워함. 범죄를 저질렀을 가능성이 있다고 봄.

3반의 다섯 명은 왜 교실에 남은 거야?

반에서 지갑이 없어졌는데, 그 애들이 혐의를 받고 있대.

유의어 **의심**

19 개연성 : 蓋然性 덮을 개, 그럴 연, 성품 성

– 절대적으로 확실하지 않으나 아마 그럴 것이라고 생각되는 성질.

웹툰 13화 봤어? 전교 꼴등이 굳게 결심한다고 해서 다음 시험에서 곧바로 전교 1등이 되다니, 말이 되냐?

전혀 개연성이 없는 이야기지. 그게 되면 나는 매일 결심하겠다.

20 긴요 : 緊要 긴할 긴, 요긴할 요

– 긴밀히 관여되어 있어서 꼭 필요함.

공부할 때 가장 긴요하게 쓰이는 것이 뭘까?

학습 플래너! 최근부터 사용했는데 계획과 성취량을 한눈에 볼 수 있어서 좋아.

유의어 **요긴**

3 아래 설명된 의미의 단어를 써 보세요.

의 미	단 어
1 잘못을 알고도 모르는 체하고 그대로 넘김.	
2 시기하여 밉게 봄.	
3 말과 행동을 노골적이지 않게 빙 둘러서 함.	
4 입을 다물고 말을 하지 아니함.	
5 보기에 날씨나 분위기 따위가 몹시 스산하고 쓸쓸한 데가 있다.	
6 가치, 능력, 역량 따위를 알아볼 수 있는 기준이 되는 기회나 사물을 비유적으로 이르는 말.	
7 몸을 바르게 하고 앉음.	
8 권세를 혼자 쥐고 제 마음대로 함.	
9 감격하여 목메어 욺.	
10 짐작으로 미루어 셈함.	
11 가을철에 털갈이하여 새로 돋아난 짐승의 가는 털. 매우 적거나 조금인 것을 비유적으로 이르는 말.	
12 옳지 아니한 일을 하거나 죄를 지은 데 대하여 벌을 줌.	
13 어떤 것의 바탕이 되는 부분.	
14 긴밀히 관여되어 있어서 꼭 필요함.	
15 사랑하고 좋아함.	
16 꺼리고 미워함. 범죄를 저질렀을 가능성이 있다고 봄.	
17 뒤덮어서 보호함.	
18 공경하면서 두려워함.	
19 절대적으로 확실하지 않으나 아마 그럴 것이라고 생각되는 성질.	
20 눈물을 흘리며 간절히 하소연함.	

💬 정답 15개 이상 – 다음 단계 도전!

1 상자 안 단어의 의미에 대하여 생각해 보고, 이해하고 있는 수준에 따라 아래 표에 단어를 분류해 보세요.

☐ 미증유   ☐ 상정   ☐ 야멸차다   ☐ 요원   ☐ 의표

☐ 제반   ☐ 착상   ☐ 쾌재   ☐ 흑심하다   ☐ 격양

☐ 난립   ☐ 반색   ☐ 생경   ☐ 어언간   ☐ 용단

☐ 일가견   ☐ 조달   ☐ 착잡   ☐ 타성   ☐ 회오

정확하게 의미를 알고 있는 단어	들어 본 적은 있으나 의미는 정확하지 않은 단어	전혀 의미를 모르는 처음 들어 보는 단어

2 각 단어를 구성하는 한자의 뜻, 단어의 사전적 정의를 이해하고,
대화를 통해 단어의 의미를 익혀 보세요.

1 **미증유** : **未曾有** 아닐 미, 일찍 증, 있을 유

– 지금까지 한 번도 있어 본 적이 없음.

🧑 2학년 어떤 반에서 단체로 컨닝을 해서 2학년 전체가 시험을 다시 봐야 한대.

🧑 완전 개교 이래 **미증유**의 사건이네.

유의어 **전대미문, 최초**

2 **상정** : **想定** 생각할 상, 정할 정

– 어떤 정황을 가정적으로 생각하여 단정함.

👧 이번 대학 입시에 대한 너희 오빠의 전략은 뭐야?

👧 최악의 경우를 **상정**해서 안정적인 대학을 하나 지원하고, 나머지는 소신껏 지원한대.

3 **야멸차다**

– 태도가 차고 야무지다.

👧 같이 가기로 해 놓고 5분 늦었다고 먼저 가면 어떡해. 너 진짜 **야멸차다**.

👧 미안해. 너 먼저 간 줄 알고 그랬어. 전화를 걸어 볼 걸 그랬나?

4 **요원** : **遙遠** 멀 요, 멀 원

– 까마득함. 멂.

👧 이제 그만해. 별것 아닌 일로 너 나에게 너무 오랫동안 화를 낸다고 생각하지 않니?

👧 네가 진심으로 사과하지 않는다면 우리의 화해는 **요원한** 일이야.

5 **의표** : **意表** 뜻 의, 겉 표

– 전혀 미리 생각하지 않았던 것.

🧑 영어 토론 대회에서 광수에게 물 먹었다며?

🧑 그 얘기는 하지 마. 완벽하게 준비했는데, **의표**를 찌르는 광수의 질문에 다 무너져 버렸어.

유의어 **의외**

6 **제반** : 諸般 모두 제, 일반 반

– 어떤 것과 관련된 모든 것.

🧑 반장, 이번 학급 회의 주제가 뭐야?

🧑‍🦱 교내 휴대폰 사용과 관련된 **제반** 문제를 다룰 거야.

유의어 **만반, 온갖**

7 **착상** : 着想 붙을 착, 생각 상

– 어떤 일이나 창작의 실마리가 되는 생각이나 구상 따위를 잡음.

👧 미술 수행평가에서 내가 지수보다 잘 그렸는데 점수가 더 낮아. 속상해.

👧 선생님께서 이번 평가는 스킬보다, 좋은 **착상**을 더 중시한다고 하셨잖아.

유의어 **발상**

8 **쾌재** : 快哉 쾌할 쾌, 어조사 재

– 일 따위가 마음먹은 대로 잘되어 만족스럽게 여김.

🧑 나 완전 망했어. 너는 시험 잘 봤어?

🧑 나는 오늘 시험 볼 때 내가 아는 문제들만 나와서 속으로 **쾌재**를 불렀어!

9 **혹심하다** : 酷甚– – 심할 혹, 심할 심

– 매우 심하다.

🧑 너 왜 이렇게 살이 많이 빠졌어?

🧑 PC방에서 걸려서 요즘 엄마의 **혹심한** 구박에 시달리고 있어. 밥도 안 줘.

유의어 **심혹하다**

10 **격양** : 激揚 격할 격, 날릴 양

– 기운이나 감정 따위가 세차게 일어나 드날림.

👧 어제 음악 방송에서 'EXO'가 1등 하는 것 봤어?

👧 그럼. 수호 오빠가 무대에서 **격양**된 목소리로 소감을 이야기하는데, 나도 막 같이 울었다니까.

11 난립 : 亂立 어지러울 난(란), 설 립

– 질서 없이 여기저기서 나섬.

　너는 패딩 점퍼 어디서 살 거야?

　모르겠어. 아웃도어 회사들이 요즘 너무 난립해서 판단이 안 서.

12 반색

– 매우 반가워함. 또는 그런 기색.

　너는 유난히 외갓집에 자주 가는 것 같더라?

　외할머니가 늘 나를 반색하며 맞아 주셔. 공부 못하는 나를 반겨 주는 사람은 우리 외할머니밖에 없는 것 같아.

13 생경 : 生硬 날 생, 굳을 경

– 익숙하지 않아 낯섦. 글의 표현이 세련되지 못하고 어설픔.

　희영이 얼굴 봤어? 방학 동안 다 고쳤나 봐!

　자기도 자기 얼굴이 생경할 지경이래. 아침에 거울 보고 스스로 놀란다잖아!

유의어 **생소**

14 어언간 : 於焉間 어조사 어, 어찌 언, 사이 간

– 알지 못하는 동안에 어느덧.

　네가 전학 온 지도 어언간 1년이 흘렀네. 적응은 좀 되었니?

　이 동네는 교육열이 너무 높아서 아직도 많이 부담스러워.

유의어 **어느새**

15 용단 : 勇斷 날랠 용, 끊을 단

– 용기 있게 결단을 내림. 또는 그 결단.

　수지랑 이민호가 열애설을 인정했대!

　쉽지 않은 일이었을 텐데. 완전 둘 다 용단을 내린 것이구나.

유의어 **과단**

16 일가견 : 一家見 한 일, 집 가, 볼 견

– 어떤 문제에 대하여 독자적인 경지나 체계를 이룬 견해.

🧑 나는 라면 끓이기에 관해서는 **일가견**이 있는 것 같아.

👩 라면은 스프 맛이지 무슨 솜씨가 필요해?

17 조달 : 調達 고를 조, 통달할 달

– 자금이나 물자 따위를 대어 줌.

👩 오늘 과학 수행평가인데, 준비물 안 가져왔다.

👩 걱정 마. 옆 반에 내 친구들 많아. 내가 **조달**해 줄게.

유의어 **공급, 변통**

18 착잡 : 錯雜 어긋날 착, 섞일 잡

– 갈피를 잡을 수 없이 뒤섞여 어수선함.

🧑 어제 경수한테 노트 빌려 달라고 했다가 거절당했어. 내신 때문에 다 민감해.

🧑 그런 이야기를 들으니 기분이 **착잡**해진다.

19 타성 : 惰性 게으를 타, 성품 성

– 오래되어 굳어진 좋지 않은 버릇. 또는 오랫동안 변화나 새로움을 꾀하지 않아 나태하게 굳어진 습성.

🧑 대학생이 되어도 과외 선생님을 구할 수 있을까? 혼자 공부를 어떻게 해?

🧑 주입식 교육의 **타성**에 젖어 있는 너 같은 학생이 대학생이 될 날이 올까?

유의어 **습관, 관성**

20 회오 : 悔悟 뉘우칠 회, 깨달을 오

– 잘못을 뉘우치고 깨달음.

🧑 담임한테 반성문 냈는데, 진정성이 없다며 오히려 더 혼났어.

🧑 깊은 **회오**의 감정을 절절하게 담았어야지.

유의어 **회한, 회개**

3 아래 설명된 의미의 단어를 써 보세요.

의 미	단 어
1 어떤 것과 관련된 모든 것.	
2 태도가 차고 야무지다.	
3 익숙하지 않아 낯섦. 글의 표현이 세련되지 못하고 어설픔.	
4 까마득함, 멂.	
5 일 따위가 마음먹은 대로 잘되어 만족스럽게 여김.	
6 어떤 일이나 창작의 실마리가 되는 생각이나 구상 따위를 잡음.	
7 자금이나 물자 따위를 대어 줌.	
8 오래되어 굳어진 좋지 않은 버릇. 또는 오랫동안 변화나 새로움을 꾀하지 않아 나태하게 굳어진 습성.	
9 지금까지 한 번도 있어 본 적이 없음.	
10 기운이나 감정 따위가 세차게 일어나 드날림.	
11 어떤 정황을 가정적으로 생각하여 단정함.	
12 매우 반가워함. 또는 그런 기색.	
13 질서 없이 여기저기서 나섬.	
14 매우 심하다.	
15 알지 못하는 동안에 어느덧.	
16 전혀 미리 생각하지 않았던 것.	
17 갈피를 잡을 수 없이 뒤섞여 어수선함.	
18 어떤 문제에 대하여 독자적인 경지나 체계를 이룬 견해.	
19 잘못을 뉘우치고 깨달음.	
20 용기 있게 결단을 내림. 또는 그 결단.	

😊 정답 15개 이상 – 다음 단계 도전!

FINAL TEST 1

1 다음 뜻에 알맞은 단어를 서로 연결하시오.

① 주지   태도가 미적지근함.

② 미온적   꾸지람. 까닭 없이 남을 탓하고 원망함.

③ 수반   상관하지 아니하거나 무시함.

④ 도외시   여러 사람이 두루 앎.

⑤ 지청구   붙좇아서 따름. 어떤 일과 더불어 생김.

2 제시된 초성을 참고하여 단어의 뜻풀이를 완성하시오.

① 창궐 – 못된 (ㅅㄹ)이나 (ㅈㅇㅂ) 따위가 세차게 일어나 걷잡을 수 없이 퍼짐.

② 완곡 – 말과 행동을 (ㄴㄱㅈ)이지 않게 빙 둘러서 함.

③ 창졸간 – 미처 어찌할 수 없이 매우 (ㄱㅈㅅㄹㅇ) 사이.

3 단어의 정의를 생각하며 다음 한자의 의미를 쓰시오.

① 자명 : 自(   ) 明(   ) – 설명하거나 증명하지 아니하여도 저절로 알 만큼 명백함.

② 외경 : 畏(   ) 敬(   ) – 공경하면서 두려워함.

③ 요원 : 遼(   ) 遠(   ) – 까마득함. 멂.

④ 간과 : 看(   ) 過(   ) – 큰 관심 없이 대강 보아 넘김.

4 다음의 글자들을 조합하여 뜻풀이에 알맞은 어휘를 쓰시오.

난	철	옹	색	관	유	지	오	망	산	가	보
객	타	성	순	정	색	양	지	수	미	증	유

① (   ) – 오랫동안 변화나 새로움을 꾀하지 않아 나태하게 굳어진 습성.

② (   ) – 더 높은 단계로 오르기 위하여 어떠한 것을 하지 아니함.

③ (   ) – 지금까지 한 번도 있어 본 적이 없음.

④ (   ) – 형편이 넉넉하지 못하여 생활에 필요한 것이 없거나 부족함. 장소가 비좁음.

5 예시문의 ( )에 들어갈 알맞은 말을 〈보기〉에서 찾아 쓰시오.

역력	을씨년스럽다	전가	생경	비호

① 익숙하지 않은 낯선 풍경은 나에게 (   )한 느낌을 주었다.

② 그렇게 엄청난 일은 권력의 (   )를 받지 않고서는 일어날 수 없다.

③ 그는 동료에게 매번 책임을 (   )하더니 드디어 실체가 밝혀졌다.

④ 가을비가 내리고 나니 날씨가 금새 (   )

⑤ 선생님께 꾸지람을 듣고 난 후 그의 얼굴에는 후회하는 기색이 (   )했다.

FINAL TEST ②

📝 아래 단어의 의미를 이해하고 짧은 글짓기를 해 보시오.

1	미온적	
2	선회	
3	역력	
4	조응	
5	탐탁하다	
6	수반	
7	내막	
8	자명	
9	창졸간	
10	고리타분하다	
11	도외시	
12	소치	
13	주지	
14	각축	
15	부응	
16	옹색	
17	저촉	
18	지양	

한자어와 순 우리말을
나누어서 공부했어요!

전수영 서울대 사범대학, 13학번

1. 최상위권 성적을 위해서
국어 어휘 실력이
중요한 이유는 무엇일까요?

국어라는 과목은 여타의 언어와 마찬가지로 기능 과목의 성격을 지니고 있습니다. 그렇기에 다른 과목으로의 전이도 쉽게 일어나죠. 문제를 해결하는 데 있어서 필요한 네 가지 기본 능력이 어휘력, 독해력, 논리 구조 분석력, 문법성 판단입니다. 나머지 세 가지 능력을 키우기 위해서는 어휘력이 바탕이 되어야 하죠. 그래서 최상위권을 목표로 하는 학생이라면 국어 어휘 실력을 반드시 끌어올려야 합니다.

2. 국어 어휘 공부를
어떻게 했나요?

한자어와 순 우리말을 나누어서 공부했어요. 순 우리말은 주로 선택지에 몰려서 출제되는 경향이 있어요. 그래서 답을 판별하는 데 큰 변별력이 없어서 단순히 뜻만 알 수 있는 정도로 학습했습니다. 반면에 한자어는 지문과 선택지 모두에 자주 등장해요. 뜻은 물론 주로 문맥의 의미도 잘 알아야 합니다. 그래서 사자성어나 한자어의 뜻을 알아보고 예문으로 학습했어요.

3. 자기주도학습을 위해서 어휘력이 중요한 이유는 무엇일까요?

자기주도학습은 학생 스스로 지식을 구성하는 과정입니다. 학습은 섬세한 과정이기 때문에 지식을 내면화하는 동안 '오개념'이 빈번하게 생겨요. 오개념의 대부분은 어휘의 오용이나 잘못된 이해에서 비롯됩니다. 그렇기 때문에 오개념을 최소화하기 위해서는 어휘력이 뒷받침되어야 하죠.

4. 국어 어휘 실력과 성적의 상관관계는 어떠한가요?

국어 실력은 어휘력 - 독해력+문법 능력 - 논리 구조 분석력 순으로 향상되어요. 기초가 되는 어휘력이 탄탄하다면 더욱 높은 실력을 흔들림 없이 쌓아 갈 수 있어요.

5. 국어 어휘 공부의 어려운 점은 무엇일까요?

어휘는 시대나 상황에 따라서 항상 그 뜻이 변하고 또 새로 생기고 없어지기도 하죠. 너무나 많은 수의 어휘가 존재하기 때문에 어떤 단어가 학습 과정에 적용될지를 파악하는 것이 가장 어려웠어요.

293

서울대 합격생
기적의 어휘 공부법

초판 1쇄 발행 2015년 7월 3일
초판 13쇄 발행 2023년 2월 1일

지은이 김송은, 에듀플렉스 교육개발연구소
펴낸이 김선식

경영총괄 김은영
콘텐츠사업본부장 박현미
책임편집 이여홍 **책임마케터** 오서영
콘텐츠사업7팀장 김민정 **콘텐츠사업7팀** 김단비, 권예경, 이한결
편집관리팀 조세현, 백설희 **저작권팀** 한승빈, 김재원, 이슬
마케팅본부장 권장규 **마케팅1팀** 최혜령, 오서영
미디어홍보본부장 정명찬 **디자인파트** 김은지, 이소영
브랜드관리팀 안지혜, 오수미 **크리에이티브팀** 임유나, 박지수, 김화정 **뉴미디어팀** 김민정, 홍수경, 서가을
재무관리팀 하미선, 윤이경, 김재경, 안혜선, 이보람
인사총무팀 강미숙, 김혜진
제작관리팀 박상민, 최완규, 이지우, 김소영, 김진경, 양지환
물류관리팀 김형기, 김선진, 한유현, 민주홍, 전태환, 전태연, 양문현, 최창우
외부스태프 디자인86

펴낸곳 다산북스 **출판등록** 2005년 12월 23일 제313-2005-00277호
주소 경기도 파주시 회동길 490 다산북스 파주사옥
전화 02-704-1724 **팩스** 02-703-2219 **이메일** dasanbooks@dasanbooks.com
홈페이지 www.dasanbooks.com **블로그** blog.naver.com/dasan_books
종이 월드페이퍼(주) **출력·인쇄** 갑우문화사 **후가공** 이지앤비 **특허** 제10-1081185호

ISBN 979-11-306-0580-7(43370)

• 책값은 뒤표지에 있습니다.
• 파본은 구입하신 서점에서 교환해드립니다.

다산북스(DASANBOOKS)는 독자 여러분의 책에 관한 아이디어와 원고 투고를 기쁜 마음으로 기다리고 있습니다.
책 출간을 원하는 아이디어가 있으신 분은 다산북스 홈페이지 '투고 원고'란으로 간단한 개요와 취지, 연락처 등을 보내주세요.
머뭇거리지 말고 문을 두드리세요.